La Primera y Segunda
Declaración de La Habana

TÍTULOS EN ESTA SERIE

editados y con introducciones por Mary-Alice Waters

La Primera y Segunda

Declaración de La Habana

Manifiestos de lucha revolucionaria en las Américas aprobados por el pueblo de Cuba

Pathfinder

NUEVA YORK   LONDRES   TORONTO   SYDNEY

Editado por Mary-Alice Waters

ISBN-10: 0-87348-870-9
ISBN-13: 978-0-87348-870-9
Número de Control de la Biblioteca del Congreso (Library of
Congress Control Number): 2006940822
Hecho e impreso en Estados Unidos de América

Primera edición, 1997
Segunda edición, 2007

PORTADA: Fidel Castro presenta la Segunda Declaración de La Habana
ante la Segunda Asamblea General Nacional del Pueblo de Cuba
en la Plaza de la Revolución de La Habana, 4 de febrero de 1962.
(*Bohemia*) El documento fue aprobado por más de un millón de
cubanos presentes y, en los días subsiguientes, por cientos de miles
más en fábricas, campos, escuelas y manifestaciones por toda la
isla.
CONTRAPORTADA: Parte de la masiva movilización de cubanos en la
asamblea del 4 de febrero. (Keystone/Getty Images)

DISEÑO DE LA PORTADA: Eva Braiman

Pathfinder
www.pathfinderpress.com
E-mail: pathfinder@pathfinderpress.com

CONTENIDO

PREFACIO

Esta nueva edición ampliada de la Primera y Segunda Declaración de La Habana, publicada simultáneamente en español e inglés, nació en la Feria Internacional del Libro de Venezuela en noviembre de 2006. Es producto de las amplias discusiones políticas en torno a la presentación en Caracas de los dos números más recientes de *Nueva Internacional*, una revista de política y teoría marxistas, y de varios libros editados por la Pathfinder.

Hoy día en Venezuela números considerables de trabajadores, agricultores y jóvenes estudiantes, así como minorías nacionales oprimidas de muchos orígenes —africano, indígena, chino, indio, árabe y más— se están politizando a través de las luchas populares que han sido una fuerza motriz en la política venezolana durante la última década. Luchas por la tierra, por un mayor control obrero sobre las normas de seguridad, el ritmo y las condiciones de trabajo, por el acceso a la educación, a la atención médica, al agua potable, a la electricidad y a la vivienda. Luchas para recuperar el control sobre el vasto patrimonio de recursos naturales del país. La defensa del derecho soberano de Venezuela de extender una mano solidaria a pueblos oprimidos y en pie de batalla por toda América y el mundo, incluida la colaboración con el gobierno y pueblo revolucionarios de Cuba. Resistencia al sabotaje económico que realizan los atrincherados capitalistas propietarios de las industrias, las instituciones financieras, la tierra y los medios de comunicación, así como a sus múltiples intentos de tumbar al gobierno popularmente electo de Venezuela. Luchas marcadas por una creciente conciencia popular sobre los poderosos intereses imperialistas que están inextricablemente entrelazados con la clase capitalista de Venezuela, y que en última instancia son quienes deciden por ella.

Más de una vez desde 1998, estos conflictos se han encrespado y amainado y encrespado de nuevo en torno a diversas cuestiones y en diferentes partes del país, exponiendo y viéndose impulsados por profundas contradicciones sociales y políticas. Entre los más comprometidos entre las fuerzas populares, especialmente entre la juventud, ha aumentado la sed de una perspectiva de clase —una perspectiva socialista revolucionaria— y junto a ella la sed de un conocimiento más amplio de la historia moderna de los movimientos revolucionarios populares. ¿Por qué han triunfado algunos mientras que otros han fracasado?

Esta sed se hizo evidente en las multitudes que colmaron las exhibiciones y otras actividades en la feria del libro. Caracterizó las horas de constantes discusiones y debates políticos en el stand que exhibía los libros, folletos y revistas distribuidos por la editorial Pathfinder, donde los títulos de más venta fueron los números más nuevos de *Nueva Internacional* en los que se destacan los artículos "Ha comenzado el invierno largo y caliente del capitalismo" y "Nuestra política empieza con el mundo" por Jack Barnes.

Las preguntas debatidas no eran insignificantes.

¿Aún vale la pena estudiar, un siglo más tarde, el programa y la trayectoria estratégica que condujeron a la victoria de los trabajadores y agricultores en la Revolución de Octubre de 1917 dirigida por los bolcheviques, así como los debates que llevaron a la formación en 1919 de un nuevo movimiento internacional revolucionario, explicados con tanta claridad por V.I. Lenin? ¿O acaso las fuerzas de clases que están definiendo al mundo del siglo XXI son fundamentalmente tan distintas que la Revolución Rusa y la trayectoria de los primeros cinco años de la Internacional Comunista son mayormente irrelevantes? ¿Acaso las bases políticas de la actividad revolucionaria son las mismas hoy en día que las presentadas por Carlos Marx y Federico Engels?

La proporción decreciente por toda Latinoamérica de trabajadores rurales, que en muchos casos están sin tierra, comparada con el tamaño creciente del proletariado urbano y de las capas de pequeños comerciantes y desempleados: ¿ha convertido en un anacronismo la alianza entre los trabajadores y agricultores? ¿O sigue siendo fundamental esa alianza para la posibilidad misma de una estrategia revolucionaria victoriosa de la clase trabajadora?

¿Se puede hacer que el capitalismo sirva los intereses del pueblo trabajador estableciendo cooperativas de manufactura, empresas de cogestión y estratagemas similares? ¿O resulta que el funcionamiento del capital —como explicara Marx hace casi siglo y medio— continúa dominando las relaciones sociales en tanto la clase trabajadora no haya tomado el poder?

¿Existen capas progresistas de la clase capitalista en los países subdesarrollados capaces hoy día de dirigir a las masas trabajadoras combativas en luchas contra la dominación imperialista? ¿O acaso estos explotadores —por más que resientan los grilletes de los amos imperialistas— reculan ante las masas revolucionarias y se empeñan en sofocar sus luchas?

¿Ha cambiado sus manchas el imperialismo? ¿O es inevitable un asalto violento y sangriento contra las conquistas de las clases trabajadoras cuando los propietarios perciben una debilidad que les ofrece una oportunidad de echar atrás las incursiones a sus privilegios y prerrogativas?

¿Es el socialismo un conjunto de ideas? ¿O es más bien

—como Marx y Engels señalaron en el Manifiesto Comunista y como se ha confirmado con sangre y sudor a través de un siglo y medio de luchas populares— la línea de marcha de la clase trabajadora hacia el poder, una línea de marcha que expresa "las condiciones reales de una lucha de clases existente, de un movimiento histórico que se está desarrollando ante nuestros ojos"?

En ninguna parte se abordan con mayor franqueza y claridad los problemas de estrategia revolucionaria que hoy día afrontan los hombres y mujeres en las primeras filas de luchas en América Latina que en la Primera y Segunda Declaración de La Habana, presentadas por el primer ministro cubano Fidel Castro y aprobadas cada una con la fuerza de un millón de personas congregadas en Asambleas Generales del Pueblo de Cuba el 2 de septiembre de 1960 y el 4 de febrero de 1962. Por eso la Pathfinder llegó a la conclusión que estas declaraciones necesitan estar disponibles hoy de manera amplia, y ser presentadas de modo de ayudar a hacer que éstas y sus interconexiones sean más transparentes y accesibles para nuevas generaciones de militantes que no vivieron los tumultuosos sucesos revolucionarios al calor de los cuales se forjaron estos documentos y se adhirieron a ellos millones de personas.

En este nuevo libro de la Pathfinder hay más de una docena de páginas de fotos que permiten revivir esos días y hacerlos más comprensibles para los lectores de hoy; una cronología que sitúa en el marco histórico las propias declaraciones y los sucesos que en ellas se mencionan, explicando referencias e inferencias que quienes escuchaban o leían esas palabras hace casi medio siglo las entendían sin necesidad de mayor comentario; un glosario y notas que identifican personas y hechos históricos que de lo contrario les resultarían poco conocidos a muchos lectores en la actualidad; y un índice que ayuda a quienes van a estudiar y reestudiar con esmero estas declaraciones.

Si bien la Segunda Declaración de La Habana se ha conocido más ampliamente desde que se aprobó unos 45 años atrás, el poner la Primera y Segunda Declaración juntas en el orden en que se presentaron nos permite situarnos en el contexto de los puntos álgidos históricos que las ligaron.

La primera Asamblea General Nacional del Pueblo de Cuba se convocó el 2 de septiembre de 1960, durante el período más intenso de movilización de masas que la revolución había conocido hasta entonces. En las semanas previas y posteriores a esas movilizaciones, en respuesta a los crecientes actos de terror armado y sabotaje económico de los imperialistas, cientos de miles de trabajadores estaban tomando control de más y más empresas industriales en Cuba —una fábrica tras otra estaba siendo "intervenida", según la expresión de los trabajadores cubanos—, las cuales después eran nacionalizadas por el gobierno revolucionario.

En junio de 1960, tres importantes trusts petroleros de propiedad imperialista que operaban en Cuba habían anunciado su negativa de refinar petróleo adquirido de la Unión Soviética. Los trabajadores cubanos respondieron tomando control de las refinerías de la Texaco, la Standard Oil y la Shell, y refinando el petróleo ellos mismos. En cuestión de días el presidente norteamericano Dwight D. Eisenhower ordenó una acción punitiva, recortando en un 95 por ciento la cuota de azúcar que Washington anteriormente había acordado importar en los meses restantes de 1960. Al cabo de 72 horas, la Unión Soviética anunció que compraría todo el azúcar cubano que Estados Unidos rehusara comprar.

Por toda la isla, los cubanos respondieron proclamando desafiantes, "Sin cuota pero sin bota": sin acceso al mercado norteamericano, pero ya sin más bota imperialista sobre nuestro cuello.

El 6 de agosto, a medida que el sabotaje económico capitalista se intensificaba, el gobierno revolucionario aprobó un decreto que expropiaba "los bienes y empresas ubicados en el territorio nacional . . . que son propiedad de las personas jurídicas nacionales de los Estados Unidos". Los días y noches que siguieron llegaron a conocerse en Cuba como la Semana de Júbilo Nacional. Decenas de miles de cubanos celebraron marchando por las calles de La Habana con ataúdes que contenían los restos simbólicos de empresas estadounidenses como la United Fruit Company y la International Telephone and Telegraph, tirándolos al mar.

Para finales de octubre, los trabajadores y campesinos cubanos, apoyados por su gobierno, habían expropiado prácticamente todos los bancos y toda la industria perteneciente a los imperialistas, así como las más grandes propiedades de la clase capitalista cubana, entre ellas iconos como el ron Bacardí. Junto a la reforma agraria de 1959, que expropió millones de hectáreas de los grandes latifundios y entregó títulos de propiedad a unos 100 mil campesinos sin tierra, las relaciones de propiedad en las ciudades y el campo habían sido transformadas, estableciendo de forma definitiva el carácter de la revolución como socialista —la primera en el hemisferio— y dejando patente ante todos que el poder estatal ahora servía a los intereses históricos del pueblo trabajador.

Participando al lado del pueblo cubano en los sucesos de este histórico punto álgido estaban muchos de los casi mil jóvenes de América Latina, así como de Estados Unidos, Canadá, la Unión Soviética, China y otros países, quienes habían viajado a Cuba para participar en el Primer Congreso Latinoamericano de Juventudes que se inauguró

el 26 de julio de 1960 en la Sierra Maestra. Entre los que
quedaron convencidos ese verano de la necesidad, y la
posibilidad, de emular el curso revolucionario del pueblo
cubano, estaban muchos de los futuros dirigentes de las
luchas revolucionarias en el continente americano. Estos
incluían a jóvenes dirigentes del Partido Socialista de los
Trabajadores y de la Alianza de la Juventud Socialista en
Estados Unidos.

Fue Che Guevara, en su discurso de bienvenida a los
delegados del congreso el 28 de julio, quien les explicó
—a ellos y al mundo— que "esta revolución, en caso de ser
marxista —y escúchese bien que digo marxista—, sería
porque descubrió también, por sus métodos, los caminos
que señalara Marx".

A medida que se desarrollaba esta tumultuosa transformación, los cancilleres de los países miembros de la Organización de Estados Americanos se reunieron a finales de
agosto en San José, Costa Rica. Bajo la mano conductora
de Washington, aprobaron una resolución que sin mencio-
nar a Cuba de nombre ni siquiera una vez, condenó "enérgicamente la intervención . . . de una potencia extraconti-
nental en asuntos de las repúblicas americanas"; rechazó
"la pretensión de las potencias sino soviéticas de utilizar
la situación política, económica o social de cualquier estado americano", como un acto que pone en peligro "la
paz y seguridad del hemisferio"; declaró que el "sistema
interamericano es incompatible con toda forma de tota-
litarismo" [¡ojalá y así fuera!] y proclamó que "todos los
estados miembros . . . tienen la obligación de someterse a
la disciplina del sistema interamericano".

Esa era la "Declaración de San José" a la que el 2 de septiembre respondió la "Declaración de La Habana". Brin-
dando "la amistad hacia el pueblo norteamericano, el
pueblo de los negros linchados, de los intelectuales perse-

guidos, de los obreros forzados a aceptar la dirección de gángsters", la Asamblea General Nacional del Pueblo de Cuba respondió mordazmente que eran la dominación imperialista de América Latina y la política del gobierno norteamericano las que "sí ponen en peligro la paz y la seguridad del hemisferio y del mundo".

La asamblea afirmó que "la ayuda espontáneamente ofrecida por la Unión Soviética a Cuba, en caso de que nuestro país fuera atacado por fuerzas militares imperialistas, no podrá ser considerada jamás como un acto de intromisión, sino que constituye un evidente acto de solidaridad". Y proclamó abierta y públicamente "ante América y el mundo, que acepta y agradece el apoyo de los cohetes de la Unión Soviética, si su territorio fuere invadido por fuerzas militares de los Estados Unidos".

Rechazó con indignación el interesado documento de la OEA, instigado por Washington, que acusaba a la Revolución Cubana de ser resultado de la intervención soviética o china en América y no la "respuesta cabal de Cuba a los crímenes y las injusticias instaurados por el imperialismo en América". Anunció que el gobierno cubano establecería inmediatamente relaciones diplomáticas con la República Popular China y rompería todos sus vínculos con Taiwan.

Condenó "la explotación del hombre por el hombre, y la explotación de los países subdesarrollados por el capital financiero imperialista" como el verdadero obstáculo a la democracia y la libertad en América y prometió que el pueblo cubano no le fallaría a sus hermanos y hermanas en América Latina que "empuñan las armas de su libertad".

∼

"La política empieza allí donde hay millones de personas; la política seria empieza allí donde hay no miles, sino millones de personas", recordó Lenin a los delegados al congreso de 1918 del Partido Comunista de Rusia (Bolchevique) unos meses después del triunfo de la Revolución de Octubre. Ese poder es el que habla a través de la Primera y Segunda Declaración de la Habana, el poder que se evidencia en las fotos incluidas aquí de esas inmensas concentraciones de trabajadores seguros, jubilosos y resueltos, en medio de decidir su propio futuro.

El año y medio transcurrido entre la Primera y Segunda Declaración se caracterizó sobre todo por la "política seria" de millones.

• la presentación en septiembre de 1960 por el primer ministro cubano Fidel Castro de "El caso de Cuba" ante la Asamblea General de Naciones Unidas, en la que concluyó citando las partes finales de la Primera Declaración de La Habana, resumiendo lo que representa la Revolución Cubana;

• las movilizaciones por toda la isla que acompañaron a la Ley de Reforma Urbana, que nacionalizó la vivienda, recortó el alquiler al 10 por ciento del ingreso de una familia y puso fin así, según las palabras de la Segunda Declaración de La Habana, al "abusivo sistema que convertía la vivienda en un medio de explotación para el pueblo";

• la decisión de Washington de romper relaciones diplomáticas con La Habana;

• la movilización de 100 mil jóvenes hasta las zonas más apartadas del campo y a los barrios obreros en la masiva y exitosa campaña que eliminó el analfabetismo en Cuba en menos de un año (estableciendo el modelo para los cientos de miles de maestros y personal médico voluntarios cubanos que en las décadas siguientes aplicarían su capacitación entre los oprimidos por el imperialismo en todas partes del mundo);

• la invasión organizada y financiada por Washington

en Playa Girón en abril de 1961, que terminó menos de 72 horas después en una ignominiosa derrota con la rendición de los mercenarios invasores;

• el comienzo de los primeros "Recorridos de la Libertad" (*Freedom Rides*) por el sur de Estados Unidos para desafiar la segregación *Jim Crow* en el transporte público interestatal;

• la denuncia hecha por Che Guevara en Punta del Este, Uruguay, en agosto de 1961, del fraude de la "Alianza para el Progreso" que el gobierno norteamericano acababa de lanzar en América Latina;

• la primera ayuda internacionalista de Cuba a África, en la que envió armas y municiones al Frente de Liberación Nacional (FLN) de Argelia que combatía el coloniaje francés y brindó tratamiento médico a los combatientes heridos, así como alojamiento y educación a los huérfanos de la guerra;

• la imposición de un embargo comercial total por parte de Washington contra Cuba el 3 de febrero de 1962.

¿Cuál fue la respuesta del pueblo cubano ante el anuncio de que los cancilleres de la Organización de Estados Americanos se reunirían a finales de enero de 1962, nuevamente en Punta del Este, para considerar la adopción de medidas colectivas para contrarrestar "las amenazas a la paz y a la independencia política de los estados americanos" que surgen de la injerencia de "potencias extracontinentales"?

"Ahora que ellos . . . están preparando el escenario para llevar a cabo la farsa de los títeres", anunció Fidel a una concentración de masas el 2 de enero que celebraba el tercer aniversario de la victoria sobre la tiranía, "¡movilicémonos nosotros!"

> ¿Qué día es la reunión de cancilleres? ¿El día 22? Pues, bien, ¡el día 22 nos vamos a reunir nosotros también aquí, en la

Plaza de la Revolución! [*Aplausos*] ¡El día 22 vamos a convocar la Segunda Asamblea General del Pueblo de Cuba! [*Aplausos*] ¡Y vamos a proclamar la Segunda Declaración de La Habana! [*Aplausos*] Todo el pueblo, ya no será solo el pueblo de La Habana, vendrán de otras provincias, todos los que puedan venir, y va a ser el más gigantesco acto de la revolución, del pueblo [*Aplausos*], para lanzar al mundo la Segunda Declaración de La Habana, y para mostrarles a los imperialistas nuestra disposición de luchar, ¡y para demostrarles a los títeres lo que es un pueblo revolucionario, lo que es un pueblo libre, lo que es un pueblo heroico! [*Aplausos*]

El 4 de febrero, más de un millón de cubanos respondieron a ese llamado a las armas, repudiando con eficacia las resoluciones aprobadas cuatro días antes por lo que describieron como el "ministerio de colonias yanqui". Los cancilleres de la OEA reunidos en Punta del Este unánimemente condenaron una supuesta "ofensiva subversiva de gobiernos comunistas" cuyo objetivo es "la destrucción de las instituciones democráticas y el establecimiento de dictaduras totalitarias al servicio de potencias extracontinentales"; declararon que "el actual gobierno de Cuba, que oficialmente se ha identificado como un gobierno marxista-leninista, es incompatible con los principios y propósitos del sistema interamericano"; expulsaron a Cuba de la OEA; establecieron un comité de vigilancia contra la "subversión" en la Junta Interamericana de Defensa, con facultades ejecutivas; e instaron a los estados miembros a tomar medidas apropiadas para su defensa individual y colectiva.

Según lo aclaró la Asamblea General Nacional del Pueblo de Cuba: "Subversión para los imperialistas yanquis es la lucha de los pueblos hambrientos por el pan, la lucha de los campesinos por la tierra, la lucha de los pueblos contra la explotación imperialista. Comité de vigilancia en la Junta Interamericana de Defensa con facultades ejecutivas significa fuerza de represión continental contra los pueblos a las órdenes del Pentágono. Medidas colectivas significan desembarcos de infantes de marina yanqui en cualquier país de América".

"¿Qué es lo que se esconde tras el odio yanqui a la Revolución Cubana?", preguntó la asamblea.

> ¿Qué reúne en el mismo propósito agresivo a la potencia imperialista más rica y poderosa del mundo contemporáneo y a las oligarquías de todo un continente . . . contra un pequeño pueblo de solo siete millones de habitantes, económicamente subdesarrollado, sin recursos financieros ni militares para amenazar ni la seguridad ni la economía de ningún país?
>
> Los une y los concita el miedo . . . No el miedo a la Revolución Cubana; el miedo a la revolución latinoamericana . . . El miedo a que los pueblos saqueados del continente arrebaten las armas a sus opresores y se declaren, como Cuba, pueblos libres de América.

Esta perspectiva de lucha revolucionaria para quitar el poder político a los capitalistas y defenderlo con las armas en la mano constituye la esencia de la Segunda Declaración de La Habana. La afirmación de la valentía y la organización política necesarias para realizar esa tarea. Las perspectivas abiertas por una ola ascendente de luchas revolucionarias por toda América, y el ejemplo de los trabajadores y agricultores de Cuba que demostraban, "Sí se puede".

El impacto que La Segunda Declaración de La Habana tuvo en ese momento es difícil de apreciar sin recordar que la necesidad, y la posibilidad, que tenían los pueblos saqueados del continente de emular el camino hacia el poder seguido por los trabajadores y agricultores cubanos era precisamente lo que les negaban —y lo que temían— la gran mayoría de los partidos por toda América Latina que fraudulentamente lucían la etiqueta de obrero o comunista o socialista. "El deber de todo revolucionario es hacer la revolución", no "sentarse en la puerta de su casa para ver pasar el cadáver del imperialismo": no esperar —como alegaban que hacían muchos partidos— a que maduraran las condiciones objetivas supuestamente inmaduras. Esa declaración contundente era un viento fresco que soplaba por toda América.

Lo que es más importante, la declaración explicaba eficazmente a la vanguardia de trabajadores, agricultores y jóvenes de disposición revolucionaria que se incorporaban más y más a las luchas por todo el continente americano, incluso en Estados Unidos, por qué las posibilidades del éxito estaban en sus manos y no en manos ajenas.

• Explicaba por qué la burguesía nacional es incapaz de encabezar una lucha contra la dominación imperialista "aun cuando sus intereses son contradictorios con los del imperialismo yanqui . . . paralizada por el miedo a la revolución social y asustada por el clamor de las masas explotadas".

• Explicaba por qué ninguna revolución podría triunfar a menos que la clase trabajadora fuera capaz de dirigir también la lucha en el campo, forjando y empeñándose constantemente en mantener una potente alianza combativa con el campesinado, con los pueblos indígenas oprimidos de América, con los negros, los chinos y los demás sectores superexplotados de la población. Una y otra vez, señalaba la importancia de las luchas de masas de los negros que se desarrollaban con el objetivo de derrocar el sistema de segregación *Jim Crow* en Estados Unidos.

- Explicaba cómo la unidad en acción de los trabajadores y agricultores contra el imperialismo y sus agentes, sin la cual ninguna victoria revolucionaria es posible, podía lograrse solo si se erradicaba el sectarismo, el dogmatismo y la promoción consciente de divisiones en vez de una lucha común.

- Explicaba el "drama sangriento" que Washington y sus títeres estaban preparando para América Latina —uno que pronto sería muy real— conforme las grandes masas del continente empezaban a alzarse en lucha, así como la ilusión fatal de creer en la posibilidad, en esas condiciones, de "arrancar por vías legales que no existen ni existirán, a las clases dominantes, atrincheradas en todas las posiciones del estado", un poder "que defenderán a sangre y fuego con la fuerza de sus policías y de sus ejércitos".

Y señalaba la victoria revolucionaria en Playa Girón —la primera derrota militar de Washington en América— como el ejemplo que el pueblo cubano ofrecía al mundo de que "la revolución es posible".

~

Estas eran lecciones que los propios cubanos estaban escribiendo con sangre a través de sus propias luchas en los meses que ligaron a la Primera y a la Segunda Declaración de La Habana. Estas lecciones siguen siendo tan vigentes como lo fueron hace casi 50 años, tan acertadas como lo han sido desde 1848.

Con ese ánimo se publica esta nueva presentación de la Primera y Segunda Declaración de La Habana.

Y es a quienes la usarán así que se les dedica.

Mary-Alice Waters
Enero de 2007

Marcha y concentración de 100 mil personas en Santiago de Cuba, 10 de febrero de 1962. Numerosas acciones similares fueron organizadas por toda Cuba en apoyo a la Segunda Declaración de La Habana.

Primera Declaración de La Habana

En la Asamblea más grande del mundo,

EL PUEBLO DECIDIO:

REVOLUCION
ORGANO DEL MOVIMIENTO 26 DE JULIO

2ª EDICION Año III ● La Habana, Sábado, 3 de Sept. de 1960
5 Centavos ● Director: Carlos Franqui ● No. 537

- Aprobar la "Declaración de La Habana"
- Rechazar la declaración de Costa Rica
- Aceptar la ayuda de la URSS y de China
- Romper el tratado militar con EE.UU.
- Establecer relaciones con China Popular
- Emplazar a los gobiernos latinoamerica-
  nos a que convoquen a sus pueblos
- **Proclamar los derechos del**
  hombre latinoamericano

VEA EN LA PAGINA 3: TEXTO DEL DISCURSO DE FIDEL

LA ASAMBLEA GENERAL NACIONAL DEL PUEBLO DE CUBA PROCLAMA ANTE AMERICA

Primera plana del 3 de septiembre de 1960 de *Revolución*, diario del
Movimiento 26 de Julio, tras aprobación de la Primera Declaración de
La Habana por la Asamblea General Nacional del Pueblo de Cuba.

Primera Declaración
de La Habana

Aprobada por la Asamblea General Nacional
del Pueblo de Cuba

2 de septiembre de 1960

Junto a la imagen y el recuerdo de José Martí, en Cuba,
Territorio Libre de América, el pueblo, en uso de las po-
testades inalienables que dimanan del efectivo ejercicio de
la soberanía, expresada en el sufragio directo, universal y
público, se ha constituido en Asamblea General Nacional.
En nombre propio, y recogiendo el sentir de los pueblos
de nuestra América, la Asamblea General Nacional del
Pueblo de Cuba,

Primero: condena en todos sus términos la denominada
Declaración de San José de Costa Rica, documento dicta-
do por el imperialismo norteamericano, y atentatorio a la
autodeterminación nacional, la soberanía y la dignidad de
los pueblos hermanos del continente.[1]

---

1. La Organización de Estados Americanos realizó la Séptima Reunión de
Consulta de Ministros de Relaciones Exteriores de las repúblicas ameri-
canas del 22 al 29 de agosto de 1960 en Costa Rica. La OEA aprobó allí la
Declaración de San José. Este documento, un ataque contra la Revolución

Segundo: la Asamblea General Nacional del Pueblo de Cuba condena enérgicamente la intervención abierta y criminal que durante más de un siglo ha ejercido el imperialismo norteamericano sobre todos los pueblos de la América Latina; pueblos que más de una vez han visto invadido su suelo en México, Nicaragua, Haití, Santo Domingo o Cuba; que han perdido ante la voracidad de los imperialistas yanquis extensas y ricas zonas, como Tejas, centros estratégicos vitales, como el Canal de Panamá, países enteros, como Puerto Rico, convertido en territorio de ocupación; que han sufrido, además, el trato vejaminoso de los infantes de marina, lo mismo contra nuestras mujeres e hijas que contra los símbolos más altos de la historia patria, como la efigie de José Martí.[2]

Esa intervención, afianzada en la superioridad militar, en tratados desiguales y en la sumisión miserable de gobernantes traidores, ha convertido, a lo largo de más de cien años, a nuestra América, la América que Bolívar, Hidalgo, Juárez, San Martín, O'Higgins, Sucre, Tiradentes y Martí quisieron libre, en zona de explotación, en traspatio del imperio financiero y político yanqui, en reserva de votos para los organismos internacionales, en los cuales los países latinoamericanos hemos figurado como arrias del "norte revuelto y brutal que nos desprecia".[3]

Cubana, sostenía que todos los estados miembros tenían "la obligación de someterse a la disciplina del sistema interamericano". La delegación cubana presentó una contrarresolución y se retiró luego que fuera rechazada.

2. El 11 de marzo de 1949, varios efectivos de la armada de Estados Unidos fueron fotografiados encima de la estatua de José Martí en el Parque Central de La Habana, sobre la que orinaron. A medida que se corrió la voz de la profanación, irrumpieron manifestaciones y protestas. Entre los dirigentes de las protestas estaba Fidel Castro.

3. De la carta de 1895 de José Martí a Manuel Mercado. Ver pág. 37.

La Asamblea General Nacional del Pueblo declara que la aceptación por parte de gobiernos que asumen oficialmente la representación de los países de América Latina de esa intervención continuada e históricamente irrebatible, traiciona los ideales independentistas de sus pueblos, borra su soberanía e impide la verdadera solidaridad entre nuestros países; lo que obliga a esta asamblea a repudiarla, a nombre del pueblo de Cuba, y con voz que recoge la esperanza y la decisión de los pueblos latinoamericanos y el acento libertador de los próceres inmortales de nuestra América.

La sumisión de gobernantes traidores ha convertido a nuestra América en traspatio del imperio yanqui

Tercero: la Asamblea General Nacional del Pueblo rechaza asimismo el intento de preservar la doctrina de Monroe, utilizada hasta ahora, como lo previera José Martí, "para extender el dominio en América" de los imperialistas voraces, para inyectar mejor el veneno también denunciado a tiempo por José Martí, "el veneno de los empréstitos, de los canales, de los ferrocarriles . . ."

Por ello, frente al hipócrita panamericanismo que es solo predominio de los monopolios yanquis sobre los intereses de nuestros pueblos y manejo yanqui de gobiernos prosternados ante Washington, la asamblea del pueblo de Cuba proclama el latinoamericanismo liberador que late en José Martí y en Benito Juárez. Y, al extender la amistad hacia el pueblo norteamericano —el pueblo de los negros linchados, de los intelectuales perseguidos, de los obreros forzados a aceptar la dirección de gángsters—, reafirma la voluntad de marchar "con todo el mundo y no con una parte de él".

Cuarto: la Asamblea General Nacional del Pueblo declara, que la ayuda espontáneamente ofrecida por la Unión Soviética a Cuba, en caso de que nuestro país fuera atacado por fuerzas militares imperialistas, no podrá ser considerada jamás como un acto de intromisión, sino que constituye un evidente acto de solidaridad, y que esa ayuda, brindada a Cuba ante un inminente ataque del Pentágono yanqui, honra tanto al gobierno de la Unión Soviética que la ofrece, como deshonran al gobierno de los Estados Unidos sus cobardes y criminales agresiones contra Cuba.

Por tanto: la Asamblea General Nacional del Pueblo declara ante América y el mundo, que acepta y agradece el apoyo de los cohetes de la Unión Soviética, si su territorio fuere invadido por fuerzas militares de los Estados Unidos.

Quinto: la Asamblea General Nacional del Pueblo de Cuba niega categóricamente que haya existido pretensión alguna por parte de la Unión Soviética y la República Popular China, de "utilizar la posición económica, política y social" de Cuba "para quebrantar la unidad continental y poner en peligro la unidad del hemisferio".

Desde el primero hasta el último disparo, desde el primero hasta el último de los 20 mil mártires que costó la lucha para derrocar a la tiranía y conquistar el poder revolucionario, desde la primera hasta la última ley revolucionaria, desde el primero hasta el último acto de la revolución, el pueblo de Cuba ha actuado por libre y absoluta determinación propia, sin que, por tanto, se pueda culpar jamás a la Unión Soviética o a la República Popular China de la existencia de una revolución, que es la respuesta cabal de Cuba a los crímenes y las injusticias instaurados por el imperialismo en América.

Por el contrario, la Asamblea General Nacional del Pueblo de Cuba entiende que la política de aislamiento y hostilidad hacia la Unión Soviética y la República Popular China, preconizada por el gobierno de los Estados Unidos e impuesta por éste a los gobiernos de la América Latina, y la conducta guerrerista y agresiva del gobierno norteamericano, y su negativa sistemática al ingreso de la República Popular China en las Naciones Unidas pese a representar aquella la casi totalidad de un país de más de 600 millones de habitantes, sí ponen en peligro la paz y la seguridad del hemisferio y del mundo.[4]

Por tanto: la Asamblea General Nacional del Pueblo de Cuba ratifica su política de amistad con todos los pueblos del mundo, reafirma su propósito de establecer relaciones diplomáticas también con todos los países socialistas, y desde este instante, en uso de su soberanía y libre voluntad, expresa al gobierno de la República Popular China, que acuerda establecer relaciones diplomáticas entre ambos países y que, por tanto, quedan rescindidas las relaciones que hasta hoy Cuba había mantenido con el régimen títere que sostienen en Formosa los barcos de la Séptima Flota yanqui.

Sexto: la Asamblea General Nacional del Pueblo reafirma —y está segura de hacerlo como expresión de un criterio común a los pueblos de América Latina—, que la democracia no es compatible con la oligarquía financiera, con la existencia de la discriminación del negro y los desmanes del Ku Klux Klan, con la persecución que privó de sus cargos a científicos como Oppenheimer; que impidió durante años que el mundo escuchara la voz maravillosa

---

4. A la sazón, el escaño de China en la ONU lo ocupaba el gobierno de Taiwan. En 1971 la República Popular China asumió ese escaño.

de Paul Robeson, preso en su propio país; y que llevó a la muerte, ante la protesta y el espanto del mundo entero, y pese a la apelación de gobernantes de diversos países y del Papa Pío XII, a los esposos Rosenberg.

La Asamblea General Nacional del Pueblo de Cuba expresa la convicción cubana de que la democracia no puede consistir solo en el ejercicio de un voto electoral, que casi siempre es ficticio y está manejado por latifundistas y políticos profesionales, sino en el derecho de los ciudadanos a decidir, como ahora lo hace esta asamblea general del pueblo de Cuba, sus propios destinos. La democracia, además, solo existirá en América cuando los pueblos sean realmente libres para escoger, cuando los humildes no estén reducidos —por el hambre, la desigualdad social, el analfabetismo y los sistemas jurídicos—, a la más ominosa impotencia.

Por eso la Asamblea General Nacional del Pueblo de Cuba:

Condena el latifundio, fuente de miseria para el campesino y sistema de producción agrícola retrógrado e inhumano; condena los salarios de hambre y la explotación inicua del trabajo humano por bastardos y privilegiados intereses; condena el analfabetismo, la ausencia de maestros, de escuelas, de médicos y de hospitales; la falta de protección a la vejez que impera en los países de América; condena la discriminación del negro y del indio; condena la desigualdad y la explotación de la mujer; condena las oligarquías militares y políticas que mantienen a nuestros pueblos en la miseria, impiden su desarrollo democrático y el pleno ejercicio de su soberanía; condena las concesiones de los recursos naturales de nuestros países a los monopolios extranjeros como política entreguista y traidora al interés de los pueblos; condena a los gobiernos que desoyen el sentimiento de sus pueblos para acatar los mandatos de Washington; condena el engaño sistemático a los pueblos por órganos de divulgación que responden al interés de las oligarquías y a la política del imperialismo opresor; condena el monopolio de las noticias por agencias yanquis, instrumentos de los trusts norteamericanos y agentes de Washington; condena las leyes represivas que impiden a los obreros, a los campesinos, a los estudiantes y los intelectuales, a las grandes mayorías de cada país, organizarse y luchar por sus reivindicaciones sociales y patrióticas; condena a los monopolios y empresas imperialistas que saquean continuamente nuestras riquezas, explotan a nuestros obreros y campesinos, desangran y mantienen en retraso nuestras economías, y someten la política de la América Latina a sus designios e intereses.

Condenamos la explotación del hombre por el hombre, y la de los países subdesarrollados por el capital financiero

La Asamblea General Nacional del Pueblo de Cuba condena, en fin, la explotación del hombre por el hombre, y la explotación de los países subdesarrollados por el capital financiero imperialista.

En consecuencia, la Asamblea General Nacional del Pueblo de Cuba, proclama ante América:

El derecho de los campesinos a la tierra; el derecho del obrero al fruto de su trabajo; el derecho de los niños a la educación; el derecho de los enfermos a la asistencia médica y hospitalaria; el derecho de los jóvenes al trabajo; el derecho de los estudiantes a la enseñanza libre, experimental y científica; el derecho de los negros y los indios a la "dignidad plena del hombre", el derecho de la mujer a la igualdad civil, social y política; el derecho del anciano a una vejez segura; el derecho de los intelectuales, artistas y científicos a luchar, con sus obras, por un mundo mejor; el derecho de los estados a la nacionalización de los monopolios imperialistas, rescatando así las riquezas y recursos nacionales; el derecho de los países al comercio libre con todos los pueblos del mundo; el derecho de las naciones a su plena soberanía; el derecho de los pueblos a convertir sus fortalezas militares en escuelas, y a armar a sus obreros, a sus campesinos, a sus estudiantes, a sus intelectuales, al negro, al indio, a la mujer, al joven, al anciano, a todos los oprimidos y explotados, para que defiendan, por sí mismos, sus derechos y sus destinos.

Séptimo: la Asamblea General Nacional del Pueblo de Cuba postula:

El deber de los obreros, de los campesinos, de los estudiantes, de los intelectuales, de los negros, de los indios, de los jóvenes, de las mujeres, de los ancianos, a luchar por sus reivindicaciones económicas, políticas y sociales; el deber de las naciones oprimidas y explotadas a luchar por su liberación; el deber de cada pueblo a la solidaridad con todos los pueblos oprimidos, colonizados, explotados o agredidos, sea cual fuere el lugar del mundo en que estos se encuentren y la distancia geográfica que los separe. ¡Todos los pueblos del mundo son hermanos!

Octavo: la Asamblea General Nacional del Pueblo de Cuba reafirma su fe en que la América Latina marchará pronto, unida y vencedora, libre de las ataduras que convierten sus economías en riqueza enajenada al imperialismo norteamericano y que le impiden hacer oír su verdadera voz en las reuniones donde cancilleres domesticados hacen de coro infamante al amo despótico. Ratifica, por ello, su decisión de trabajar por ese común destino latinoamericano que permitirá a nuestros países edificar una solidaridad verdadera, asentada en la libre voluntad de cada uno de ellos y en las aspiraciones conjuntas de todos. En la lucha por esa América Latina liberada, frente a las voces obedientes de quienes usurpan su representación oficial, surge ahora, con potencia invencible, la voz genuina de los pueblos, voz que se abre paso desde las entrañas de sus minas de carbón y de estaño, desde sus fábricas y centrales azucareros, desde sus tierras enfeudadas, donde rotos, cholos, gauchos, jíbaros,[5] herederos de Zapata y de Sandino, empuñan las armas de su libertad, voz que resuena en sus poetas y en sus novelistas, en sus estudiantes, en sus mujeres y en sus niños, en sus ancianos desvelados.

A esa voz hermana, la Asamblea General Nacional del Pueblo de Cuba le responde:

¡Presente! Cuba no fallará. Aquí está hoy Cuba para ratificar, ante América Latina y ante el mundo, como un compromiso histórico, su lema irrenunciable: ¡Patria o Muerte!

Noveno: la Asamblea General Nacional del Pueblo de Cuba resuelve que esta declaración sea conocida con el nombre de "Declaración de La Habana".

LA HABANA, CUBA
Territorio Libre de América
Septiembre 2 de 1960

---

5. Trabajadores rurales de Chile, Perú, Argentina y Puerto Rico, respectivamente.

ESTA GRAN HUMANIDAD HA DICHO: ¡BASTA!

Más de un millón en la Asamblea

RESISTIREMOS EN TODOS LOS CAMPOS

Votó todo el pueblo la II Declaración de La Habana

ESTA LUCHA LA HARAN LAS MASAS, LOS PUEBLOS

REVOLUCION

ORGANO DEL MOVIMIENTO 26 DE JULIO

Año V — La Habana, Lunes, 5 de Febrero de 1962 — No. 933
Director: Carlos Franqui — 10 Centavos

El Presidente de la República y el Primer Ministro del Gobierno Revolucionario contestan el saludo entusiasmado del pueblo reunido en la II Asamblea Nacional General.

Para que el imperialismo, sus títeres y mercenarios sufran, ahí les queda esta prueba gráfica, vista parcial sólo de lo que fue la Asamblea de ayer en la Plaza de la Revolución.

Primera plana del 5 de febrero de 1962 de *Revolución*, luego de la aprobación de la Segunda Declaración de La Habana por la Asamblea General Nacional del Pueblo de Cuba. En foto de arriba están el primer ministro Fidel Castro y el presidente Osvaldo Dorticós.

Segunda Declaración de La Habana

Fidel Castro presenta la Segunda Declaración de La Habana.

Segunda Declaración de La Habana

Aprobada por la Asamblea General Nacional
del Pueblo de Cuba

4 de febrero de 1962

Del pueblo de Cuba a los pueblos de América y del mundo. Vísperas de su muerte, en carta inconclusa porque una bala española le atravesó el corazón, el 18 de mayo de 1895, José Martí, apóstol de nuestra independencia, escribió a su amigo Manuel Mercado:

> Ya puedo escribir . . . ya estoy todos los días en peligro de dar mi vida por mi país y por mi deber . . . de impedir a tiempo con la independencia de Cuba que se extiendan por las Antillas los Estados Unidos y caigan, con esa fuerza más, sobre nuestras tierras de América. Cuanto hice hasta hoy, y haré, es para eso . . .
>
> Las mismas obligaciones menores y públicas de los pueblos . . . más vitalmente interesados en impedir que en Cuba se abra, por la anexión de los imperialistas . . . el camino, que se ha de cegar y con nuestra sangre estamos cegando, de la anexión de los pueblos de nuestra América al Norte revuelto y brutal que los desprecia, les habían impedido la

adhesión ostensible y ayuda patente a este sacrificio que se hace en bien inmediato y de ellos.

Viví en el monstruo y le conozco sus entrañas: y mi honda es la de David.

Ya Martí, en 1895, señaló el peligro que se cernía sobre América y llamó al imperialismo por su nombre: imperialismo. A los pueblos de América advirtió que ellos estaban más que nadie interesados en que Cuba no sucumbiera a la codicia yanqui despreciadora de los pueblos latinoamericanos. Y con su propia sangre, vertida por Cuba y por América, rubricó las póstumas palabras que en homenaje a su recuerdo el pueblo de Cuba suscribe hoy a la cabeza de esta declaración.

Han transcurrido 67 años. Puerto Rico fue convertida en colonia y es todavía colonia saturada de bases militares. Cuba cayó también en las garras del imperialismo. Sus tropas ocuparon nuestro territorio. La Enmienda Platt fue impuesta a nuestra primera constitución, como cláusula humillante que consagraba el odioso derecho de intervención extranjera.[1] Nuestras riquezas pasaron a sus manos, nuestra historia falseada, nuestra administración y nuestra política moldeada por entero a los intereses de los interventores; la nación sometida a 60 años de asfixia política, económica y cultural.

Pero Cuba se levantó, Cuba pudo redimirse a sí misma del bastardo tutelaje. Cuba rompió las cadenas que ataban su suerte al imperio opresor, rescató sus riquezas, reivindicó su cultura, y desplegó su bandera soberana de Terri-

---

1. La última guerra cubana de independencia contra España, librada entre 1895 y 1898, fue seguida inmediatamente por la ocupación militar del país por Washington. Para la Enmienda Platt y referencias históricas similares, ver el glosario.

torio y Pueblo Libre de América.

Ya los Estados Unidos no podrán caer jamás sobre América con la fuerza de Cuba, pero en cambio, dominando a la mayoría de los Estados de América Latina, Estados Unidos pretende caer sobre Cuba con la fuerza de América. ¿Qué es la historia de Cuba sino la historia de América Latina? ¿Y qué es la historia de América Latina sino la historia de Asia, África y Oceanía? ¿Y qué es la historia de todos estos pueblos sino la historia de la explotación más despiadada y cruel del imperialismo en el mundo entero?

¿Qué es la historia de América Latina sino la historia de la explotación imperialista?

A fines del siglo pasado y comienzos del presente, un puñado de naciones económicamente desarrolladas habían terminado de repartirse el mundo, sometiendo a su dominio económico y político a las dos terceras partes de la humanidad, que, de esta forma, se vio obligada a trabajar para las clases dominantes del grupo de países de economía capitalista desarrollada.

Las circunstancias históricas que permitieron a ciertos países europeos y a los Estados Unidos de Norteamérica un alto nivel de desarrollo industrial, los situó en posición de poder someter a su dominio y explotación al resto del mundo.

¿Qué móviles impulsaron esa expansión de las potencias industrializadas? ¿Fueron razones de tipo moral, "civilizadoras", como ellos alegaban? No: fueron razones de tipo económico.

Desde el descubrimiento de América, que lanzó a los

conquistadores europeos a través de los mares a ocupar y explotar las tierras y los habitantes de otros continentes, el afán de riqueza fue el móvil fundamental de su conducta. El propio descubrimiento de América se realizó en busca de rutas más cortas hacia el Oriente, cuyas mercaderías eran altamente pagadas en Europa.

Una nueva clase social, los comerciantes y los productores de artículos manufacturados para el comercio, surge del seno de la sociedad feudal de señores y siervos en las postrimerías de la Edad Media.

La sed de oro fue el resorte que movió los esfuerzos de esa nueva clase. El afán de ganancia fue el incentivo de su conducta a través de su historia. Con el desarrollo de la industria manufacturera y el comercio fue creciendo su influencia social. Las nuevas fuerzas productivas que se desarrollaban en el seno de la sociedad feudal chocaban cada vez más con las relaciones de servidumbre propias del feudalismo, sus leyes, sus instituciones, su filosofía, su moral, su arte y su ideología política.

Nuevas ideas filosóficas y políticas, nuevos conceptos del derecho y del estado fueron proclamados por los representantes intelectuales de la clase burguesa, los que por responder a las nuevas necesidades de la vida social, poco a poco se hicieron conciencia en las masas explotadas. Eran entonces ideas revolucionarias frente a las ideas caducas de la sociedad feudal. Los campesinos, los artesanos y los obreros de las manufacturas, encabezados por la burguesía, echaron por tierra el orden feudal, su filosofía, sus ideas, sus instituciones, sus leyes y los privilegios de la clase dominante, es decir, la nobleza hereditaria.

Entonces la burguesía consideraba justa y necesaria la revolución. No pensaba que el orden feudal podía y debía ser eterno, como piensa ahora de su orden social capitalista.

Alentaba a los campesinos a librarse de la servidumbre feudal, alentaba a los artesanos contra las relaciones gremiales y reclamaba el derecho al poder político. Los monarcas absolutos, la nobleza y el alto clero defendían tenazmente sus privilegios de clase, proclamando el derecho divino de la corona y la intangibilidad del orden social. Ser liberal, proclamar las ideas de Voltaire, Diderot o Juan Jacobo Rousseau, portavoces de la filosofía burguesa, constituía entonces para las clases dominantes un delito tan grave como es hoy para la burguesía ser socialista y proclamar las ideas de Marx, Engels y Lenin.

Cuando la burguesía conquistó el poder político y estableció sobre las ruinas de la sociedad feudal su modo capitalista de producción, sobre ese modo de producción erigió su estado, sus leyes, sus ideas e instituciones. Esas instituciones consagraban en primer término la esencia de su dominación de clase: la propiedad privada.

"El capital recién nacido rezumaba sangre y fango por todos los poros", escribió Carlos Marx

La nueva sociedad basada en la propiedad privada sobre los medios de producción y en la libre competencia quedó así dividida en dos clases fundamentales: una poseedora de los medios de producción, cada vez más modernos y eficientes, la otra desprovista de toda riqueza, poseedora solo de su fuerza de trabajo, obligada a venderla en el mercado como una mercancía más para poder subsistir.

Rotas las trabas del feudalismo, las fuerzas productivas se desarrollaron extraordinariamente. Surgieron las grandes fábricas donde se acumulaba un número cada vez mayor de obreros.

Las fábricas más modernas y técnicamente eficientes iban desplazando del mercado a los competidores menos eficaces. El costo de los equipos industriales se hacía cada vez mayor; era necesario acumular cada vez sumas superiores de capital. Una parte importante de la producción se fue acumulando en número menor de manos. Surgieron así las grandes empresas capitalistas y más adelante las asociaciones de grandes empresas a través de cártels, sindicatos, trusts y consorcios, según el grado y el carácter de la asociación, controlados por los poseedores de la mayoría de las acciones, es decir, por los más poderosos caballeros de la industria. La libre concurrencia característica del capitalismo en su primera fase dio paso a los monopolios que concertaban acuerdos entre sí y controlaban los mercados.

¿De dónde salieron las colosales sumas de recursos que permitieron a un puñado de monopolistas acumular miles de millones de dólares? Sencillamente, de la explotación del trabajo humano. Millones de hombres obligados a trabajar por un salario de subsistencia produjeron con su esfuerzo los gigantescos capitales de los monopolios. Los trabajadores acumularon las fortunas de las clases privilegiadas, cada vez más ricas, cada vez más poderosas. A través de las instituciones bancarias llegaron a disponer éstas no solo de su propio dinero, sino también del dinero de toda la sociedad. Así se produjo la fusión de los bancos con la gran industria y nació el capital financiero. ¿Qué hacer entonces con los grandes excedentes de capital que en cantidades mayores se iba acumulando? Invadir con ellos el mundo. Siempre en pos de la ganancia, comenzaron a apoderarse de las riquezas naturales de todos los países económicamente débiles y a explotar el trabajo humano de sus pobladores con salarios mucho más míseros que los que se veían obligados a pagar a los obreros de la propia metrópoli. Se inició así el reparto territorial y económico del mundo. En 1914, ocho o diez países imperialistas habían sometido a su dominio económico y político fuera de sus fronteras a territorios cuya extensión ascendía a 83 millones 700 mil kilómetros cuadrados, con una población de 970 millones de habitantes. Sencillamente se habían repartido el mundo.

Pero como el mundo era limitado en extensión, repartido ya hasta el último rincón del globo, vino el choque entre los distintos países monopolistas y surgieron las pugnas por nuevos repartos originadas en la distribución no proporcional al poder industrial y económico que los distintos países monopolistas en desarrollo desigual habían alcanzado. Estallaron las guerras imperialistas que costarían a la humanidad 50 millones de muertos, decenas de millones de inválidos e incalculables riquezas materiales y culturales destruidas. Aún no había sucedido esto cuando ya Marx escribió que "el capital recién nacido rezumaba sangre y fango por todos los poros desde los pies a la cabeza".

El sistema capitalista de producción, una vez que hubo dado de sí todo lo que era capaz, se convirtió en un abismal obstáculo al progreso de la humanidad. Pero la burguesía desde su origen llevaba en sí misma su contrario. En su seno se desarrollaron gigantescos instrumentos productivos, pero a su vez se desarrolló una nueva y vigorosa fuerza social: el proletariado, llamado a cambiar el sistema social ya viejo y caduco del capitalismo por una forma económico-social superior y acorde con las posibilidades históricas de la sociedad humana, convirtiendo en propiedad de toda la sociedad esos gigantescos medios de producción que los pueblos y nada más que los pueblos con su trabajo habían creado y acumulado. A tal grado de desarrollo de las fuerzas productivas, resultaba absolutamente caduco y anacrónico un régimen que postulaba la posesión privada y con ello la subordinación de la economía de millones y millones de seres humanos a los dictados de una exigua minoría social.

Los intereses de la humanidad reclamaban el cese de la anarquía en la producción, el derroche, las crisis económicas y las guerras de rapiña propias del sistema capitalista. Las crecientes necesidades del género humano y la posibilidad de satisfacerlas, exigían el desarrollo planificado de la economía y la utilización racional de sus medios de producción y recursos naturales.

Era inevitable que el imperialismo y el colonialismo entraran en profunda e insalvable crisis. La crisis general se inició a raíz de la Primera Guerra Mundial con la revolución de los obreros y campesinos que derrocó al imperio zarista de Rusia e implantó, en dificilísimas condiciones de cerco y agresión capitalista, el primer estado socialista del mundo iniciando una nueva era en la historia de la humanidad. Desde entonces hasta nuestros días, la crisis y la descomposición del sistema imperialista se han acentuado incesantemente.

La Segunda Guerra Mundial desatada por las potencias imperialistas —y que arrastró a la Unión Soviética y a otros pueblos de Europa y de Asia, criminalmente invadidos, a una sangrienta lucha de liberación—, culminó en la derrota del fascismo, la formación del campo mundial del socialismo, y la lucha por su soberanía de los pueblos coloniales y dependientes. Entre 1945 y 1957, más de 1 200 millones de seres humanos conquistaron su independencia en Asia y en África. La sangre vertida por los pueblos no fue en vano.

El movimiento de los pueblos dependientes y colonizados es un fenómeno de carácter universal que agita al mundo y marca la crisis final del imperialismo. Cuba y América Latina forman parte del mundo. Nuestros problemas forman parte de los problemas que se engendran de la crisis general del imperialismo y la lucha de los pueblos subyugados; el choque entre el mundo que nace y el mundo que muere. La odiosa y brutal campaña desatada contra nuestra patria expresa el esfuerzo desesperado como inútil que los imperialistas hacen para evitar la liberación de los pueblos.

Nuestros problemas se engendran del choque entre el mundo que nace y el mundo que muere

Cuba duele de manera especial a los imperialistas. ¿Qué es lo que se esconde tras el odio yanqui a la Revolución Cubana? ¿Qué explica racionalmente la conjura que reúne en el mismo propósito agresivo a la potencia imperialista más rica y poderosa del mundo contemporáneo y a las oligarquías de todo un continente, que juntos suponen representar una población de 350 millones de seres humanos, contra un pequeño pueblo de solo 7 millones de habitantes, económicamente subdesarrollado, sin recursos financieros ni militares para amenazar ni la seguridad ni la economía de ningún país?

Los une y los concita el miedo. Lo explica el miedo. No el miedo a la Revolución Cubana; el miedo a la revolución latinoamericana. No el miedo a los obreros, campesinos, estudiantes, intelectuales y sectores progresistas de las capas medias que han tomado revolucionariamente el poder en Cuba; sino el miedo a que los obreros, campesinos, estudiantes, intelectuales y sectores progresistas de las capas medias tomen revolucionariamente el poder en los pueblos oprimidos, hambrientos y explotados por los monopolios yanquis y la oligarquía reaccionaria de América; el miedo a que los pueblos saqueados del continente arrebaten las armas a sus opresores y se declaren, como Cuba, pueblos libres de América.

Aplastando la Revolución Cubana creen disipar el miedo que los atormenta, el fantasma de la revolución que los amenaza. Liquidando a la Revolución Cubana creen liquidar el espíritu revolucionario de los pueblos. Pretenden en su delirio que Cuba es exportadora de revoluciones. En sus mentes de negociantes y usureros insomnes cabe la idea de que las revoluciones se pueden comprar o vender, alquilar, prestar, exportar o importar como una mercancía más. Ignorantes de las leyes objetivas que rigen el desarrollo de las sociedades humanas, creen que sus regímenes monopolistas, capitalistas y semifeudales son eternos. Educados en su propia ideología reaccionaria, mezcla de superstición, ignorancia, subjetivismo, pragmatismo, y otras aberraciones del pensamiento, tienen una imagen del mundo y de la marcha de la historia acomodada a sus intereses de clases explotadoras.

Suponen que las revoluciones nacen o mueren en el cerebro de los individuos o por efecto de las leyes divinas y que además los dioses están de su parte. Siempre han creído lo mismo desde los devotos paganos patricios en la Roma esclavista, que lanzaban a los cristianos primitivos a los leones del circo, y los inquisidores en la Edad Media que como guardianes del feudalismo y la monarquía absoluta inmolaban en la hoguera a los primeros representantes del pensamiento liberal de la naciente burguesía, hasta los obispos que hoy, en defensa del régimen burgués y monopolista, anatematizan las revoluciones proletarias.

Todas las clases reaccionarias en todas las épocas históricas, cuando el antagonismo entre explotadores y explotados llega a su máxima tensión, presagiando el advenimiento de un nuevo régimen social, han acudido a las peores armas de la represión y la calumnia contra sus adversarios. Acusados de incendiar a Roma y de sacrificar niños en sus altares los cristianos primitivos fueron llevados al martirio. Acusados de herejes fueron llevados por los inquisidores a la hoguera filósofos como Giordano Bruno, reformadores como Hus y miles de inconformes más con el orden feudal.

Sobre los luchadores proletarios se ensaña hoy la persecución y el crimen precedidos de las peores calumnias en la prensa monopolista y burguesa. Siempre en cada época histórica las clases dominantes han asesinado invocando la "defensa de la sociedad, del orden, de la patria": su "sociedad" de minorías privilegiadas sobre mayorías explotadas, su "orden" clasista, que mantienen a sangre y fuego sobre los desposeídos, "la patria", que disfrutan ellos solos, privando de ese disfrute al resto del pueblo, para reprimir a los revolucionarios que aspiran a una sociedad nueva, un orden justo, una patria verdadera para todos.

Pero el desarrollo de la historia, la marcha ascendente de la humanidad no se detiene ni puede detenerse. Las fuerzas que impulsan a los pueblos, que son los verdaderos constructores de la historia, determinadas por las condiciones materiales de su existencia y la aspiración a metas superiores de bienestar y libertad, que surgen cuando el progreso del hombre en el campo de la ciencia, de la técnica y de la cultura lo hacen posible, son superiores a la voluntad y al terror que desatan las oligarquías dominantes.

Las condiciones subjetivas de cada país, es decir, el factor conciencia, organización, dirección, puede acelerar o retrasar la revolución según su mayor o menor grado de desarrollo, pero tarde o temprano en cada época histórica, cuando las condiciones objetivas maduran, la conciencia se adquiere, la organización se logra, la dirección surge y la revolución se produce.

Que ésta tenga lugar por cauces pacíficos o nazca al mundo después de un parto doloroso, no depende de los revolucionarios, depende de las fuerzas reaccionarias de la vieja sociedad, que se resisten a dejar nacer la sociedad nueva, que es engendrada por las contradicciones que lleva en su seno la vieja sociedad. La revolución es en la historia como el médico que asiste el nacimiento de una nueva vida. No usa sin necesidad los aparatos de fuerza, pero los usa sin vacilaciones cada vez que sea necesario para ayudar al parto. Parto que trae a las masas esclavizadas y explotadas la esperanza de una vida mejor.

Si la revolución nace por cauces pacíficos o de un parto doloroso, no depende de los revolucionarios

En muchos países de América Latina la revolución es hoy inevitable. Ese hecho no lo determina la voluntad de nadie. Está determinado por las espantosas condiciones de explotación en que vive el hombre americano, el desarrollo de la conciencia revolucionaria de las masas, la crisis mundial del imperialismo y el movimiento universal de lucha de los pueblos subyugados.

La inquietud que hoy se registra es síntoma inequívoco de rebelión. Se agitan las entrañas de un continente que ha sido testigo de cuatro siglos de explotación esclava, semiesclava y feudal del hombre desde sus moradores aborígenes y los esclavos traídos de África, hasta los núcleos nacionales que surgieron después: blancos, negros, mulatos, mestizos e indios que hoy hermanan el desprecio, la humillación, el yugo yanqui, como hermanan la esperanza de un mañana mejor.

Los pueblos de América se liberaron del coloniaje español a principios del siglo pasado, pero no se liberaron de la explotación. Los terratenientes feudales asumieron la autoridad de los gobernantes españoles, los indios continuaron en penosa servidumbre, el hombre latinoamericano en una u otra forma siguió esclavo y las mínimas esperanzas de los pueblos sucumbieron bajo el poder de las oligarquías y la coyunda del capital extranjero. Esta ha sido la verdad de América, con uno u otro matiz, con alguna que otra variante. Hoy América Latina yace bajo un imperialismo mucho más feroz, mucho más poderoso y más despiadado que el imperio colonial español.

Y ante la realidad objetiva e históricamente inexorable de la revolución latinoamericana, ¿cuál es la actitud del imperialismo yanqui? Disponerse a librar una guerra colonial con los pueblos de América Latina; crear el aparato de fuerza, los pretextos políticos y los instrumentos seudolegales suscritos con los representantes de las oligarquías reaccionarias para reprimir a sangre y fuego la lucha de los pueblos latinoamericanos.

La intervención del gobierno de los Estados Unidos en la política interna de los países de América Latina ha ido siendo cada vez más abierta y desenfrenada.

La Junta Interamericana de Defensa, por ejemplo, ha sido y es el nido donde se incuban los oficiales más reaccionarios y proyanquis de los ejércitos latinoamericanos, utilizados después como instrumentos golpistas al servicio de los monopolios.

Las misiones militares norteamericanas en América Latina constituyen un aparato de espionaje permanente en cada nación, vinculado estrechamente a la Agencia Central de Inteligencia, inculcando a los oficiales los sentimientos más reaccionarios y tratando de convertir los ejércitos en instrumentos de sus intereses políticos y económicos.

Actualmente, en la zona del Canal de Panamá, el alto mando norteamericano ha organizado cursos especiales de entrenamiento para oficiales latinoamericanos de lucha contra guerrillas revolucionarias, dirigidos a reprimir la acción armada de las masas campesinas contra la explotación feudal a que están sometidas.

En los propios Estados Unidos la Agencia Central de Inteligencia ha organizado escuelas especiales para entrenar agentes latinoamericanos en las más sutiles formas de asesinato y es política acordada por los servicios militares yanquis la liquidación física de los dirigentes antiimperialistas.

Es notorio que las embajadas yanquis en distintos países de América Latina están organizando, instruyendo y equipando bandas fascistas para sembrar el terror y agredir las organizaciones obreras, estudiantiles e intelectuales. Esas bandas, donde reclutan a los hijos de la oligarquía, a lumpen y gente de la peor calaña moral, han perpetrado ya una serie de actos agresivos contra los movimientos de masas.

Nada más evidente e inequívoco de los propósitos del imperialismo que su conducta en los recientes sucesos de Santo Domingo.[2] Sin ningún tipo de justificación, sin mediar siquiera relaciones diplomáticas con esa república,

2. En noviembre de 1961, en el contexto de una creciente rebelión contra el gobierno de Joaquín Balaguer en República Dominicana, el cual era apoyado por Estados Unidos, Washington envió barcos de guerra frente a las costas dominicanas. La rebelión se había desatado a raíz del retorno a Santo Domingo de dos hermanos del dictador Rafael Leóni-

los Estados Unidos, después de situar sus barcos de guerra frente a la capital dominicana, declararon, con su habitual insolencia, que si el gobierno de Balaguer solicitaba ayuda militar, desembarcarían sus tropas en Santo Domingo contra la insurgencia del pueblo dominicano. Que el poder de Balaguer fuera absolutamente espurio, que cada pueblo soberano de América deba tener derecho a resolver sus problemas internos sin intervención extranjera, que existan normas internacionales y una opinión mundial, que incluso existiera una OEA, no contaban para nada en las consideraciones de los Estados Unidos.

Lo que sí contaban eran sus designios de impedir la revolución dominicana, la reimplantación de los odiosos desembarcos de su infantería de marina, sin más base ni requisito para fundamentar ese nuevo concepto filibustero del derecho, que la simple solicitud de un gobierno tiránico, ilegítimo, y en crisis. Lo que esto significa no debe escapar a los pueblos. En América Latina hay sobrados gobernantes de ese tipo, dispuestos a utilizar las tropas yanquis contra sus respectivos pueblos cuando se vean en crisis.

Esta política declarada del imperialismo norteamericano de enviar soldados a combatir el movimiento revolucionario en cualquier país de América Latina, es decir, a matar obreros, estudiantes, campesinos, a hombres y mujeres latinoamericanos, no tiene otro objetivo que el de seguir manteniendo sus intereses monopolistas y los privilegios de la oligarquía traidora que los apoya.

---

das Trujillo, asesinado seis meses antes. Varios años después, en abril de 1965, más de 20 mil soldados estadounidenses invadieron República Dominicana para aplastar un levantamiento popular encabezado por partidarios de Juan Bosch, cuyo gobierno había sido derrocado mediante un golpe militar dos años antes.

Ahora se puede ver con toda claridad que los pactos militares suscritos por el gobierno de los Estados Unidos con gobiernos latinoamericanos, pactos secretos muchas veces y siempre a espaldas de los pueblos invocando hipotéticos peligros exteriores que nadie vio nunca por ninguna parte, tenían el único y exclusivo objetivo de prevenir la lucha de los pueblos: eran pactos contra los pueblos, contra el único peligro, el peligro interior del movimiento de liberación que pusiera en riesgo los intereses yanquis. No sin razón los pueblos se preguntaban: ¿Por qué tantos convenios militares? ¿Para qué los envíos de armas que si técnicamente son inadecuadas para una guerra moderna, son en cambio eficaces para aplastar huelgas, reprimir manifestaciones populares y ensangrentar el país? ¿Para qué las misiones militares, el Pacto de Río de Janeiro,[3] y las mil y una conferencias internacionales?

Desde que culminó la Segunda Guerra Mundial, las naciones de América Latina se han ido depauperando cada vez más, sus exportaciones tienen cada vez menos valor, sus importaciones, precios más altos, el ingreso per cápita disminuye, los pavorosos porcentajes de mortandad infantil no decrecen, el número de analfabetos es superior, los pueblos carecen de trabajo, de tierras, de viviendas adecuadas, de escuelas, de hospitales, de vías de comunicación y de medios de vida. En cambio las inversiones norteamericanas sobrepasan los 10 mil millones de dólares. América Latina es además abastecedora de materias primas baratas y compradora de artículos elaborados caros. Como los primeros conquistadores españoles, que cambiaban a los

---

3. El Tratado Interamericano de Asistencia Recíproca lo suscribieron 21 gobiernos, incluido Washington, el 2 de septiembre de 1947 en Río de Janeiro. Declaraba que la agresión contra cualquiera de los estados miembros se consideraría un ataque contra los demás.

indios espejos y baratijas por oro y plata, así comercian con América Latina los Estados Unidos. Conservar este torrente de riqueza, apoderarse cada vez más de los recursos de América y explotar a sus pueblos sufridos: he ahí lo que se ocultaba tras los pactos militares, las misiones castrenses y los cabildeos diplomáticos de Washington.

Esta política de paulatino estrangulamiento de la soberanía de las naciones latinoamericanas y de manos libres para intervenir en sus asuntos internos, tuvo su punto culminante en la última reunión de cancilleres. En Punta del Este[4] el imperialismo yanqui reunió a los cancilleres para arrancarles, mediante presión política y chantaje económico sin precedentes, con la complicidad de un grupo de los más desprestigiados gobernantes de este continente, la renuncia a la soberanía nacional de nuestros pueblos y la consagración del odiado derecho de intervención yanqui en los asuntos internos de América: el sometimiento de los pueblos a la voluntad omnímoda de Estados Unidos de Norteamérica, contra la cual lucharon todos los próceres, desde Bolívar hasta Sandino. Y no se ocultaron ni el gobierno de Estados Unidos ni los representantes de las oligarquías explotadoras ni la gran prensa reaccionaria vendida a los monopolios y a los señores feudales, para demandar abiertamente acuerdos que equivalen a la supresión formal del derecho de autodeterminación de nuestros pueblos; borrarlo de un plumazo en la conjura más infame que recuerda la historia de este continente.

---

4. Punta del Este, Uruguay, fue la sede de la reunión de cancilleres de América Latina y Estados Unidos celebrada del 22 al 31 de enero de 1962, auspiciada por la Organización de Estados Americanos. La reunión expulsó a Cuba de la OEA y solicitó el apoyo latinoamericano para la acción militar contra Cuba. La delegación cubana estuvo encabezada por el presidente Osvaldo Dorticós, quien condenó las maniobras imperialistas.

A puertas cerradas, entre conciliábulos repugnantes, donde el ministro yanqui de colonias dedicó días enteros a vencer la resistencia y los escrúpulos de algunos cancilleres, poniendo en juego los millones de la tesorería yanqui en una indisimulada compraventa de votos, un puñado de representantes de las oligarquías de países que, en conjunto, apenas suman un tercio de la población del continente, impuso acuerdos que sirven en bandeja de plata al amo yanqui la cabeza de un principio que costó toda la sangre de nuestros pueblos desde las guerras de independencia.

Cuba habla por los explotados de América; Estados Unidos por los explotadores

El carácter pírrico de tan tristes y fraudulentos logros del imperialismo, su fracaso moral, la unanimidad rota y el escándalo universal, no disminuyen la gravedad que entraña para los pueblos de América Latina los acuerdos que impusieron a ese precio. En aquel cónclave inmoral, la voz titánica de Cuba se elevó sin debilidad ni miedo para acusar ante todos los pueblos de América y del mundo el monstruoso atentado y defender virilmente y con dignidad que constará en los anales de la historia, no solo el derecho de Cuba, sino el derecho desamparado de todas las naciones hermanas del continente americano.

La palabra de Cuba no podía tener eco en aquella mayoría amaestrada, pero tampoco podía tener respuesta; solo cabía el silencio impotente ante sus demoledores argumentos, la diafanidad y valentía de sus palabras. Pero Cuba no habló para los cancilleres, Cuba habló para los pueblos y para la historia, donde sus palabras tendrán eco y respuesta. En Punta del Este se libró una gran batalla ideológica entre la Revolución Cubana y el imperialismo yanqui. ¿Qué representaban allí, por quién habló cada uno de ellos? Cuba representó a los pueblos; Estados Unidos representó los monopolios. Cuba habló por las masas explotadas de América; Estados Unidos por los intereses oligárquicos explotadores e imperialistas. Cuba por la soberanía; Estados Unidos por la intervención. Cuba por la nacionalización de las empresas extranjeras; Estados Unidos por nuevas inversiones de capital foráneo; Cuba por la cultura; Estados Unidos por la ignorancia. Cuba por la reforma agraria; Estados Unidos por el latifundio. Cuba por la industrialización de América; Estados Unidos por el subdesarrollo. Cuba por el trabajo creador; Estados Unidos por el sabotaje y el terror contrarrevolucionario que practican sus agentes, la destrucción de cañaverales y fábricas, los bombardeos de sus aviones piratas contra el trabajo de un pueblo pacífico. Cuba por los alfabetizadores asesinados; Estados Unidos por los asesinos.[5] Cuba por el pan; Estados Unidos por el hambre. Cuba por la igualdad; Estados Unidos por el privilegio y la discriminación. Cuba por la verdad; Estados Unidos por la menti-

---

5. Durante los primeros años de la revolución, Washington organizó, financió y abasteció bandas contrarrevolucionarias, las cuales cometieron actos de sabotaje y terror en el campo y las ciudades por toda Cuba.

Entre las víctimas de esta campaña estuvieron nueve maestros voluntarios y sus estudiantes, quienes fueron parte de la exitosa campaña de 1961 dirigida por el gobierno revolucionario para eliminar el analfabetismo en un solo año. Al final de ese esfuerzo, un millón de cubanos habían aprendido a leer y escribir, principalmente a través de la movilización de 100 mil jóvenes, quienes fueron al campo y a distritos obreros aislados, donde vivieron con los campesinos y trabajadores.

ra. Cuba por la liberación; Estados Unidos por la opresión. Cuba por el porvenir luminoso de la humanidad; Estados Unidos por el pasado sin esperanza. Cuba por los héroes que cayeron en Girón para salvar la patria del dominio extranjero;[6] Estados Unidos por los mercenarios y traidores que sirven al extranjero contra su patria. Cuba por la paz entre los pueblos; Estados Unidos por la agresión y la guerra. Cuba por el socialismo; Estados Unidos por el capitalismo.

Organización de Estados Americanos: ministerio de colonias yanqui

Los acuerdos obtenidos por Estados Unidos con métodos tan bochornosos que el mundo entero critica, no restan sino que acrecientan la moral y la razón de Cuba, demuestran el entreguismo y la traición de las oligarquías a los intereses nacionales y enseña a los pueblos el camino de la liberación. Revela la podredumbre de las clases explotadoras en cuyo nombre hablaron sus representantes en Punta del Este. La OEA quedó desenmascarada como lo que es: un ministerio de colonias yanqui, una alianza militar, un aparato de represión contra el movimiento de

---

6. El 17 de abril de 1961, 1 500 mercenarios nacidos en Cuba invadieron la isla por la Bahía de Cochinos, en la costa sur. La acción, organizada por Washington, tenía por objetivo establecer un "gobierno provisional" para que solicitara directamente la intervención de Estados Unidos. Pero los invasores, que jamás lograron establecer una cabeza de playa, fueron derrotados en menos de 72 horas por las milicias y las fuerzas armadas y policía revolucionarias. Los últimos invasores se rindieron el 19 de abril en Playa Girón, nombre que los cubanos usan para designar esa batalla.

liberación de los pueblos latinoamericanos.

Cuba ha vivido tres años de revolución bajo incesante hostigamiento de intervención yanqui en nuestros asuntos internos. Aviones piratas procedentes de Estados Unidos lanzando materias inflamables han quemado millones de arrobas de caña; actos de sabotaje internacional perpetrados por agentes yanquis, como la explosión del vapor *La Coubre*,[7] han costado decenas de vidas cubanas. Miles de armas norteamericanas de todos tipos han sido lanzadas en paracaídas por los servicios militares de Estados Unidos sobre nuestro territorio para promover la subversión; cientos de toneladas de materiales explosivos y máquinas infernales han sido desembarcados subrepticiamente en nuestras costas por lanchas norteamericanas para promover el sabotaje y el terrorismo; un obrero cubano fue torturado en la base naval de Guantánamo, y privado de la vida sin proceso previo ni explicación posterior alguna;[8] nuestra cuota azucarera fue suprimida abruptamente[9] y proclamado el embargo

---

7. El 4 de marzo de 1960, el barco francés *La Coubre,* que transportaba municiones de fabricación belga compradas por Cuba, explotó en el puerto de La Habana, matando a 101 personas.

8. El 19 de octubre de 1961, Rubén López Sabariego, chofer de camión de carga, fue detenido por soldados norteamericanos en la base naval estadounidense de Guantánamo, en la costa sudoriental de Cuba. Días después, su cuerpo, que mostraba señales de tortura, fue encontrado por otros trabajadores cubanos en territorio perteneciente a la base.

La estación naval estadounidense fue establecida durante la ocupación norteamericana a comienzos del siglo XX. Según las condiciones del acuerdo impuesto a Cuba, la tenencia de Washington sobre la base no tenía fecha de vencimiento, y el acuerdo solo podría ser abrogado o modificado por acuerdo mutuo. A pesar de las protestas del pueblo y gobierno cubanos, la base de Guantánamo se mantiene hasta la fecha.

9. La cuota era la cantidad de azúcar cubano que Washington permitía que se vendiera en el mercado estadounidense. En julio de 1960 el gobierno de Estados Unidos ordenó un recorte de 700 mil toneladas,

de piezas y materias primas para fábricas y maquinarias de construcción norteamericana para arruinar nuestra economía; barcos artillados y aviones de bombardeo procedentes de bases preparadas por el gobierno de Estados Unidos han atacado sorpresivamente puertos e instalaciones cubanas; tropas mercenarias organizadas y entrenadas en países de América Central por el propio gobierno han invadido en son de guerra nuestro territorio, escoltadas por barcos de la flota yanqui, y con apoyo aéreo desde bases exteriores, provocando la pérdida de numerosas vidas y la destrucción de bienes materiales; contrarrevolucionarios cubanos son instruidos en el ejército de Estados Unidos y nuevos planes de agresión se realizan contra Cuba. Todo eso ha estado ocurriendo tres años, incesantemente, a la vista de todo el continente, y la OEA no se entera.

Los cancilleres se reúnen en Punta del Este y no amonestan siquiera al gobierno de Estados Unidos ni a los gobiernos que son cómplices materiales de esas agresiones. Expulsan a Cuba, el país latinoamericano víctima, el país agredido.

Estados Unidos tiene pactos militares con países de todos los continentes; bloques militares con cuanto gobierno fascista, militarista y reaccionario hay en el mundo: la OTAN, la SEATO y la CENTO, a los cuales hay que agregar ahora la OEA; interviene en Laos, en Vietnam, en Corea, en Formosa, en Berlín; envía abiertamente barcos a Santo Domingo para imponer su ley, su voluntad, y anun-

---

eliminando las importaciones en un 95 por ciento para lo que quedaba del año. Posteriormente las importaciones de azúcar cubano fueron eliminadas por completo. En octubre de 1960, Washington declaró un embargo parcial contra el comercio con Cuba. El presidente Kennedy impuso un embargo total el 3 de febrero de 1962, la víspera de la Segunda Declaración de La Habana. Desde entonces, ese brutal embargo se ha mantenido y reforzado con apoyo bipartidista.

cia su propósito de usar aliados de la OTAN para bloquear el comercio con Cuba; y la OEA no se entera . . . Se reúnen los cancilleres y expulsan a Cuba, que no tiene pactos militares con ningún país. Así el gobierno que organiza la subversión en todo el mundo y forja alianzas militares en cuatro continentes, hace expulsar a Cuba, acusándola nada menos que de subversión y de vinculaciones extracontinentales.

Cuba, el país latinoamericano que ha convertido en dueños de las tierras a más de 100 mil pequeños agricultores,[10] asegurado empleo todo el año en granjas y cooperativas a todos los obreros agrícolas, transformado los cuarteles en escuelas, concedido 70 mil becas a estudiantes universitarios, secundarios y tecnológicos, creado aulas para la totalidad de la población infantil, liquidado totalmente el analfabetismo, cuadruplicado los servicios médicos, nacionalizado las empresas monopolistas, suprimido el abusivo sistema que convertía la vivienda en un medio de explotación para el pueblo, eliminado virtualmente el desempleo, suprimido la discriminación por motivo de raza o sexo, barrido el juego, el vicio y la corrupción administrativa, armado al pueblo, hecho realidad viva el disfrute de los derechos humanos al librar al hombre y a la mujer de la explotación, la incultura y la desigualdad social, que se ha liberado de todo tutelaje extranjero, adquirido plena soberanía y establecido las bases para el desarrollo de su economía a fin de no ser más país mono-

---

10. La Ley de Reforma Agraria del 17 de mayo de 1959, estableció un límite de 30 caballerías (unos mil acres) para las propiedades de tierra individuales. La puesta en vigor de la ley significó la confiscación de vastos latifundios en Cuba, muchos de los cuales pertenecían a empresas estadounidenses, y que pasaron a manos del nuevo gobierno. La ley también otorgó a precaristas, arrendatarios y colonos títulos de propiedad sobre la tierra que trabajaban.

productor y exportador de materias primas, es expulsada de la Organización de Estados Americanos por gobiernos que no han logrado para sus pueblos ni una sola de estas reivindicaciones.

¿Cómo podrán justificar su conducta ante los pueblos de América y del mundo? ¿Cómo podrán negar que en su concepto la política de tierra, de pan, de trabajo, de salud, de libertad, de igualdad y de cultura, de desarrollo acelerado de la economía, de dignidad nacional, de plena autodeterminación y soberanía, es incompatible con el hemisferio?[11]

Los pueblos piensan muy distinto, los pueblos piensan que lo único incompatible con el destino de América Latina es la miseria, la explotación feudal, el analfabetismo, los salarios de hambre, el desempleo, la política de represión contra las masas obreras, campesinas y estudiantiles, la discriminación de la mujer, del negro, del indio, del mestizo, la opresión de las oligarquías, el saqueo de sus riquezas por los monopolios yanquis, la asfixia moral de sus intelectuales y artistas, la ruina de sus pequeños productores por la competencia extranjera, el subdesarrollo económico, los pueblos sin caminos, sin hospitales, sin viviendas, sin escuelas, sin industrias, el sometimiento al imperialismo, la renuncia a la soberanía nacional y la traición a la patria.

¿Cómo podrán hacer entender su conducta, la actitud condenatoria para con Cuba, los imperialistas; con qué palabras les van a hablar y con qué sentimiento, a quienes han ignorado, aunque sí explotado, por tan largo tiempo?

Quienes estudian los problemas de América, suelen pre-

---

11. En las resoluciones de Punta del Este se utilizaba la frase de que la trayectoria de Cuba era "incompatible con los principios y propósitos del sistema interamericano".

guntar qué país, quiénes, han enfocado con corrección la situación de los indigentes, de los pobres, de los indios, de los negros, de la infancia desvalida, esa inmensa infancia de 30 millones en 1950 (que será de 50 millones dentro de ocho años más), sí, ¿quiénes, qué país?

32 millones de indios vertebran el continente americano

Treinta y dos millones de indios vertebran —tanto como la misma Cordillera de los Andes— el continente americano entero. Claro que para quienes lo han considerado casi como una cosa, más que como una persona, esa humanidad no cuenta, no contaba y creían que nunca contaría. Como suponía, no obstante, una fuerza ciega de trabajo, debía ser utilizada como se utiliza una yunta de bueyes o un tractor.

¿Cómo podrá creerse en ningún beneficio, en ninguna Alianza para el Progreso,[12] con el imperialismo, bajo qué juramento, si bajo su santa protección, sus matanzas, sus persecuciones, aún viven los indígenas del sur del continente, como los de la Patagonia, en toldos, como vivían sus antepasados a la venida de los descubridores, casi 500 años atrás? ¿En donde los que fueron grandes razas que poblaron el norte argentino, Paraguay y Bolivia, como los guaraníes, que han sido diezmados ferozmente, como

---

12. La Alianza para el Progreso fue un programa patrocinado por Washington, establecido en 1961 como respuesta a la Revolución Cubana y a su ejemplo. Asignó 20 mil millones de dólares en préstamos para los gobiernos latinoamericanos para un período de 10 años a cambio de que accedieran a alinearse contra Cuba.

quien caza animales y a quienes se les ha enterrado en los interiores de las selvas? ¿En donde esa reserva autóctona, que pudo servir de base a una gran civilización americana —y cuya extinción se la apresura por instantes—, y a la que se le ha empujado América adentro a través de los esteros paraguayos y los altiplanos bolivianos, tristes, rudimentarios, razas melancólicas embrutecidas por el alcohol y los narcóticos, a los que se acogen para por lo menos sobrevivir en las infrahumanas condiciones (no solo de alimentación) en que viven?

¿En donde una cadena de manos se estira —casi inútilmente, todavía, se viene estirando por siglos inútilmente, sí— por sobre los lomos de la cordillera, sus faldas, a lo largo de los grandes ríos y por entre las sombras de los bosques para unir sus miserias con los demás que perecen lentamente, las tribus brasileñas y las del norte del continente y sus costas, hasta alcanzar a los 100 mil motilones de Venezuela, en el más increíble atraso y salvajemente confinados en las selvas amazónicas o las sierras de Perijá, a los solitarios vapichanas que en las tierras calientes de las Guayanas esperan su final, ya casi perdidos definitivamente para la suerte de los humanos? Sí, a todos estos 32 millones de indios que se extienden desde la frontera con los Estados Unidos hasta los confines del Hemisferio Sur y 45 millones de mestizos, que en gran parte poco difieren de los indios; a todos estos indígenas, a este formidable caudal de trabajo, de derechos pisoteados, sí, ¿qué les puede ofrecer el imperialismo? ¿Cómo podrán creer estos ignorados en ningún beneficio que venga de tan sangrientas manos?

Tribus enteras que aún viven desnudas; otras que se las suponen antropófagas; otras que en el primer contacto con la civilización conquistadora mueren como insectos; otras que se las destierra, es decir, se las echa de sus tierras, se las empuja hasta volcarlas en los bosques o en las montañas o en las profundidades de los llanos en donde no llega ni el menor átomo de cultura, de luz, de pan, ni de nada.

¿En qué "alianza" —como no sea una para su más rápida muerte— van a creer estas razas indígenas apaleadas por siglos, muertas a tiros para ocupar sus tierras, muertas a palos por miles por no trabajar más rápido en sus servicios de explotación por el imperialismo?

¿Y al negro? ¿Qué "alianza" les puede brindar el sistema de los linchamientos y la preterición brutal del negro de los Estados Unidos a los 15 millones de negros y 14 millones de mulatos latinoamericanos que saben con horror y cólera que sus hermanos del norte no pueden montar en los mismos vehículos que sus compatriotas blancos, ni asistir a las mismas escuelas, ni siquiera morir en los mismos hospitales?

¿Cómo han de creer los negros de Estados Unidos en los beneficios del imperialismo?

¿Cómo han de creer en este imperialismo, en sus beneficios, en sus "alianzas" (que no sean para lincharlos o explotarlos como esclavos) estos núcleos étnicos preteridos?

¿Esas masas, que no han podido gozar ni medianamente de ningún beneficio cultural, social o profesional, que aun en donde son mayoría, o forman millones, son maltratados por los imperialistas disfrazados de Ku Klux Klan; son aherrojados a las barriadas más insalubres, a las casas colectivas menos confortables, hechas para ellos; empujados a los oficios más innobles, a los trabajos más duros y a las profesiones menos lucrativas, que no supongan contacto con las universidades, las altas academias o escuelas particulares?

¿Qué Alianza para el Progreso puede servir de estímulo a esos 107 millones de hombres y mujeres de nuestra América, médula del trabajo en ciudades y campos, cuya piel oscura —negra, mestiza, mulata, india— inspira desprecio a los nuevos colonizadores? ¿Cómo van a confiar en la supuesta alianza los que en Panamá han visto con mal contenida impotencia que hay un salario para el yanqui y otro salario para el panameño que ellos consideran raza inferior?

¿Qué pueden esperar los obreros con sus jornales de hambre, los trabajos más rudos, las condiciones más miserables, la desnutrición, las enfermedades y todos los males que incuba la miseria?

¿Qué les puede decir, qué palabras, qué beneficios podrán ofrecerles los imperialistas a los mineros del cobre, del estaño, del hierro, del carbón, que dejan sus pulmones a beneficio de dueños lejanos e inclementes; a los padres e hijos de los maderales, de los cauchales, de los yerbatales, de las plantaciones fruteras, de los ingenios de café y de azúcar, de los peones en las pampas y en los llanos que amasan con su salud y con sus vidas las fortunas de los explotadores?

¿Qué pueden esperar estas masas inmensas que producen las riquezas, que crean los valores, que ayudan a parir un nuevo mundo en todas partes, qué pueden esperar del imperialismo, esa boca insaciable, esa mano insaciable, sin otro horizonte inmediato que la miseria, el desamparo más absoluto, la muerte fría y sin historia al fin?

¿Qué puede esperar esta clase, que ha cambiado el curso de la historia en otras partes del mundo, que ha revolucionado al mundo, que es vanguardia de todos los humildes y explotados, qué puede esperar del imperialismo, su más irreconciliable enemigo?

"En la lucha por una América Latina liberada, el pueblo cubano responde: ¡Presente! Cuba no fallará".

Arriba: Fidel Castro, luciendo un típico sombrero de yarey de campesino cubano, lee la Primera Declaración de La Habana, 2 de septiembre de 1960. **Abajo:** Parte de la multitud de un millón de personas en la Asamblea General Nacional del Pueblo de Cuba. El rótulo al centro, "Los que vengan, quedan", es advertencia a posibles invasores.

MIL FOTOS CUBA

BOHEMIA

BOHEMIA

ARCHIVOS DE GRANMA

"El pueblo cubano ha hecho realidad el disfrute de los derechos humanos al librar al hombre y la mujer de la explotación, la incultura y la desigualdad social".

El pueblo trabajador en Cuba resistió los ataques contrarrevolucionarios de Washington y de capitalistas y latifundistas norteamericanos y cubanos. Conforme los trabajadores "intervinieron" lugares de trabajo para combatir intentos de desbaratar la economía, el gobierno revolucionario nacionalizó empresas norteamericanas y grandes compañías cubanas entre agosto y octubre de 1960.

Página opuesta, arriba: Obrero telefónico quita el nombre de norteamericana Cuban Telephone Company, agosto de 1960.
Abajo: celebración de campaña de alfabetización de un año, La Habana, diciembre de 1961, por decenas de miles de jóvenes voluntarios que para el final del esfuerzo habían enseñado a leer y escribir a cerca de un millón de campesinos y trabajadores. Nueve participantes de la campaña fueron asesinados en 1961 por contrarrevolucionarios respaldados por Washington.
Esta página, arriba: Provincia de Camagüey, 1942, campesinos al ser desalojados de fincas. **Abajo:** Tras la revolución, con la reforma agraria de mayo de 1959, 100 mil agricultores cubanos recibieron títulos de la tierra que trabajaban.

"En Punta del Este, Cuba no habló para los cancilleres de la OEA, Cuba habló para los pueblos y para la historia, donde sus palabras tendrán eco y respuesta".

Página opuesta, arriba: Ernesto Che Guevara denuncia explotación imperialista en reunión de agosto de 1961 de Organización de Estados Americanos en Punta del Este, Uruguay, donde seis meses después, la OEA expulsó a Cuba a instancias de Washington. **Abajo:** La prensa cubana ridiculizó a la OEA como títere yanqui y pantalla para los mercenarios que invadieron Cuba por Playa Girón. **Esta página:** Movilizaciones populares por toda América a principios de los 60 condenaron los ataques estadounidenses: **(arriba)** frente a edificio de ONU, Nueva York, noviembre de 1960, protesta del Comité Pro Trato Justo a Cuba; **(centro)** Caracas, Venezuela, 26 de julio de 1960; **(abajo)** La Paz, Bolivia, abril de 1961.

"Allí donde están cerrados los caminos de los pueblos, no es correcto entretenerlos con la ilusión de arrancar, por vías legales, a las clases dominantes atrincheradas, un poder que ellas defenderán a sangre y fuego".

Esta página, arriba: Diciembre de 1962, presidente John F. Kennedy acoge a mercenarios cubanos capturados en Playa Girón a su regreso en Miami. Desde la izquierda: contrarrevolucionario Manuel Artime; José Miró Cardona, primer ministro cubano inicial en 1959, remplazado por Fidel Castro en febrero; Kennedy y primera dama Jacqueline Bouvier Kennedy. **Abajo:** Dictador Fulgencio Batista recibe teléfono de oro macizo de la norteamericana Cuban Telephone Company, en agradecimiento por aprobar aumento de tarifas en marzo de 1957. **Página opuesta arriba y centro:** Fuerzas armadas, milicias y policía revolucionarias de Cuba aplastan invasión de abril de 1961 en Playa Girón por mercenarios respaldados por Washington. **Abajo:** Mujeres confrontan tropas norteamericanas en República Dominicana tras invasión de 1965.

"Esta masa anónima de América ha empezado a escribir su propia historia".

Arriba: Mineros del estaño, portando dinamita, protestan contra asesinato de manifestantes estudiantiles en Oruro, Bolivia, octubre de 1964. **Centro:** Sindicatos campesinos en Valle de La Convención, Perú, reclaman tierra, comienzos de los 60. En pancarta se lee, "Tierra o muerte. Venceremos". **Abajo:** Panameños reivindican soberanía del canal controlado por Washington, noviembre de 1959.

ARCHIVOS DE GRANMA

Arriba: Manifestantes enfrentados con cañón de agua por policías durante Batalla de Birmingham, Alabama, en 1963, una batalla clave en movimiento pro derechos civiles, que era observada a nivel mundial. **Abajo:** Manifestantes en Venezuela fustigan asesinatos por la policía en Universidad de Caracas, diciembre de 1960. Tras el derrocamiento popular de una dictadura militar en 1958, Rómulo Betancourt retornó a Venezuela para ser presidente de un régimen pro norteamericano que fue desatando cada vez más brutalidad contra trabajadores, campesinos y jóvenes que luchaban por avances económicos y sociales.

*"No es de revolucionarios sentarse en la puerta de
su casa para ver pasar el cadáver del imperialismo".*

Un millón de cubanos se volcaron a la Plaza de la Revolución el 4 de febrero de 1962 para manifestar su apoyo a la Segunda Declaración de La Habana y su determinación de llevarla a cabo.

"Esa epopeya la van a llevar adelante nuestros pueblos maltratados y despreciados por el imperialismo, desconocidos hasta hoy, en los que advierte ya a sus sepultureros el capital monopolista yanqui".

Masas de trabajadores y agricultores cubanos firmaron la Segunda Declaración de La Habana, añadiendo sus nombres a la lista de sepultureros.

¿Qué puede ofrecer el imperialismo, qué clase de beneficio, qué suerte de vida mejor y más justa, qué motivo, qué aliciente, qué interés para superarse, para lograr trascender sus sencillos y primarios escalones, a maestros, a profesores, a profesionales, a intelectuales, a los poetas y a los artistas; a los que cuidan celosamente las generaciones de niños y jóvenes para que el imperialismo se cebe luego en ellos; a quienes reciben sueldos humillantes en la mayoría de los países; a los que sufren las limitaciones de su expresión política y social en casi todas partes; que no sobrepasan, en sus posibilidades económicas, más que la simple línea de sus precarios recursos y compensaciones, enterrados en una vida gris y sin horizontes que acaba en una jubilación que entonces ya no cubre ni la mitad de los gastos? ¿Qué "beneficios" o "alianzas" podrá ofrecerles el imperialismo que no sean las que redunden en su total provecho?

Si les crea fuentes de ayuda a sus profesiones, a sus artes, a sus publicaciones, es siempre en el bien entendido de que sus producciones deberán reflejar sus intereses, sus objetivos, sus "nadas". Las novelas que traten de reflejar la realidad del mundo de sus aventuras rapaces; los poemas que quieran traducir protestas por su avasallamiento, por su injerencia en la vida, en la mente, en las vísceras de sus países y pueblos; las artes combativas que pretendan apresar en sus expresiones las formas y contenido de su agresión y constante presión sobre todo lo que vive y alienta progresivamente todo lo que es revolucionario; lo que enseña; lo que trata de guiar, lleno de luz y de conciencia, de claridad y de belleza, a los hombres y a los pueblos a mejores destinos, hacia más altas cumbres del pensamiento, de la vida y de la justicia, encuentra la reprobación más encarnizada del imperialismo; encuentra la valla, la condena, la persecución macartista. Sus prensas se le cierran; su nombre es borrado de las columnas y se le aplica la losa del silencio más atroz ... que es, entonces —una contradicción más del capitalismo—, cuando el escritor, el poeta, el pintor, el escultor, el creador en cualquier materia, el científico, empiezan a vivir de verdad, a vivir en la lengua del pueblo, en el corazón de millones de hombres del mundo. El imperialismo todo lo trastrueca, lo deforma, lo canaliza por sus vertientes hacia su provecho, hacia la multiplicación de su dólar; comprando palabras o cuadros, o mudez, o transformando en silencio la expresión de los revolucionarios, de los hombres progresistas, de los que luchan por el pueblo y sus problemas.

No podíamos olvidar en este triste cuadro la infancia desvalida, desatendida; la infancia sin porvenir de América.

América, que es un continente de natalidad elevada, tiene también una mortalidad elevada. La mortalidad de niños de menos de un año, en 11 países ascendía hace pocos años a 125 por mil, y en otros 17, a 90 niños. En 102 países del mundo, en cambio, esa tasa alcanza a 51. En América, pues, se mueren tristemente, desatendidamente, 74 niños de cada mil, en el primer año de su nacimiento. Hay países latinoamericanos en los que esa tasa alcanza, en algunos lugares, a 300 por mil; miles y miles de niños hasta los siete años mueren en América de enfermedades increíbles: diarreas, pulmonía, desnutrición, hambre; miles y miles, de otras enfermedades sin atención en los hospitales, sin medicinas; miles y miles ambulan, heridos de cretinismo endémico, paludismo, tracoma y otros males producidos por las contaminaciones, la falta de agua y otras necesidades.

Males de esta naturaleza son una cadena en los países americanos, en donde agonizan millares y millares de niños, hijos de parias, hijos de pobres y de pequeños burgueses con vida dura y precarios medios. Los datos, que serán redundantes, son de escalofrío. Cualquier publicación oficial de los organismos internacionales los reúne por cientos.

En los aspectos educacionales, indigna pensar el nivel de incultura que padece esta América. Mientras que Estados Unidos logra un nivel de ocho y nueve años de escolaridad en la población de 15 años de edad en adelante. América Latina, saqueada y esquilmada por ellos, tiene menos de un año escolar aprobado como nivel, en esas mismas edades. E indigna más aún cuando sabemos que de los niños entre 5 y 14 años, solamente están matriculados en algunos países un 20 por ciento, y en los de más alto nivel el 60 por ciento. Es decir, que más de la mitad de la infancia de América Latina no concurre a la escuela. Pero el dolor sigue creciendo cuando comprobamos que la matrícula de los tres primeros grados comprende más del 80 por ciento de los matriculados: y que en el grado sexto, la matricula fluctúa apenas entre 6 y 22 alumnos de cada cien que comenzaron en el primero. Hasta en los países que creen haber atendido a su infancia, ese porcentaje de pérdida escolar entre el primero y el sexto grado es del 73 por ciento como promedio. En Cuba, antes de la revolución, era del 74. En la Colombia de la "democracia representativa" es del 78. Y si se fija la vista en el campo, solo el uno por ciento de los niños llega, en el mejor de los casos, al quinto grado de enseñanza.

Cuando se investiga este desastre del absentismo escolar, una causa es la que lo explica: la economía de miseria. Falta de escuelas, falta de maestros, falta de recursos familiares, trabajo infantil . . . En definitiva, el imperialismo y su obra de opresión y retraso.

El resumen de esta pesadilla que ha vivido América, de un extremo a otro, es que en este continente de casi 200 millones de seres humanos, formado en sus dos terceras partes por los indios, los mestizos y los negros, por los "discriminados", en este continente de semicolonias, mueren de hambre, de enfermedades curables o vejez prematura, alrededor de cuatro personas por minuto, de 5 500 al día, de 2 millones por año, de 10 millones cada cinco años. Esas muertes podrían ser evitadas fácilmente, pero sin embargo se producen. Las dos terceras partes de la población latinoamericana vive poco, y vive bajo la permanente amenaza de muerte. Holocausto de vidas que en 15 años ha ocasionado dos veces más muertes que la guerra de 1914, y continúa . . . Mientras tanto, de América Latina fluye hacia los Estados Unidos un torrente continuo de dinero: unos 4 mil dólares por minuto, 5 millones por día, 2 mil millones por año, 10 mil millones cada cinco años. Por cada mil dólares que se nos van, nos queda un muerto. ¡Mil dólares por muerto, ése es el precio de lo que se llama imperialismo! ¡Mil dólares por muerto, cuatro veces por minuto!

Mas a pesar de esta realidad americana, ¿para qué se reunieron en Punta del Este? ¿Acaso para llevar una sola gota de alivio a estos males? ¡No!

Los pueblos saben que en Punta del Este, los cancilleres que expulsaron a Cuba se reunieron para renunciar a la soberanía nacional; que allí, el gobierno de Estados Unidos fue a sentar las bases no solo para la agresión a Cuba, sino para intervenir en cualquier país de América contra el movimiento liberador de los pueblos; que Estados Unidos prepara a la América Latina un drama sangriento; que las oligarquías explotadoras, lo mismo que ahora renuncian al principio de la soberanía, no vacilarán en solicitar la intervención de las tropas yanquis contra sus propios pueblos y que con ese fin la delegación norteamericana propuso un comité de vigilancia contra la subversión en la Junta Interamericana de Defensa, con facultades ejecutivas, y la adopción de medidas colectivas. Subversión para los imperialistas yanquis es la lucha de los pueblos hambrientos por el pan, la lucha de los campesinos por la tierra, la lucha de los pueblos contra la explotación imperialista.

Comité de vigilancia en la Junta Interamericana de Defensa con facultades ejecutivas, significa fuerza de represión continental contra los pueblos a las órdenes del Pentágono. Medidas colectivas significan desembarcos de infantes de marina yanquis en cualquier país de América.

Las revoluciones no se exportan, las hacen los pueblos

Frente a la acusación de que Cuba quiere exportar su revolución, respondemos: las revoluciones no se exportan, las hacen los pueblos.

Lo que Cuba puede dar a los pueblos, y ha dado ya, es su ejemplo.

Y ¿qué enseña la Revolución Cubana? Que la revolución es posible, que los pueblos pueden hacerla, que en el mundo contemporáneo no hay fuerzas capaces de impedir el movimiento de liberación de los pueblos.

Nuestro triunfo no habría sido jamás factible si la revolución misma no hubiese estado inexorablemente destinada a surgir de las condiciones existentes en nuestra realidad económico-social, realidad que existe en grado mayor aún en un buen número de países de América Latina.

Ocurre inevitablemente que en las naciones donde es más fuerte el control de los monopolios yanquis, más despiadada la explotación de la oligarquía y más insoportable la situación de las masas obreras y campesinas, el poder político se muestra más férreo, los estados de sitio se vuelven habituales, se reprime por la fuerza toda manifestación de descontento de las masas y el cauce democrático se cierra por completo, revelándose con más evidencia que nunca el carácter de brutal dictadura que asume el poder de las clases dominantes. Es entonces cuando se hace inevitable el estallido revolucionario de los pueblos.

Y si bien es cierto que en los países subdesarrollados de América, la clase obrera es en general relativamente pequeña, hay una clase social que, por las condiciones subhumanas en que vive, constituye una fuerza potencial que, dirigida por los obreros y los intelectuales revolucionarios, tiene una importancia decisiva en la lucha por la liberación nacional: los campesinos.

En nuestros países se juntan las circunstancias de una industria subdesarrollada con un régimen agrario de carácter feudal. Es por eso que con todo lo duras que son las condiciones de vida de los obreros urbanos, la población rural vive aún en más horribles condiciones de opresión y explotación; pero es también, salvo excepciones, el sector absolutamente mayoritario en proporciones que a veces sobrepasa el 70 por ciento de las poblaciones latinoamericanas.[13]

Descontando los terratenientes que muchas veces residen en las ciudades, el resto de esa gran masa libra su sustento trabajando como peones en las haciendas por salarios misérrimos, o labran la tierra en condiciones de explotación que nada tienen que envidiar a la Edad Media. Estas circunstancias son las que determinan que en América Latina la población pobre del campo constituya una tremenda fuerza revolucionaria potencial.

Los ejércitos, estructurados y equipados para la guerra convencional, que son la fuerza en que se sustenta el poder de las clases explotadoras, cuando tienen que enfrentarse a la lucha irregular de los campesinos en el escenario na-

---

13. En 2000, unas cuatro décadas después, el 77 por ciento de la población de América Latina vivía en las ciudades.

tural de éstos, resultan absolutamente impotentes; pierden 10 hombres por cada combatiente revolucionario que cae, y la desmoralización cunde rápidamente en ellos al tener que enfrentarse a un enemigo invisible que no le ofrece ocasión de lucir sus tácticas de academia y sus fanfarrias de guerra, de las que tanto alarde hacen para reprimir a los obreros y a los estudiantes en las ciudades.

La lucha inicial de reducidos núcleos combatientes se nutre incesantemente de nuevas fuerzas, el movimiento de masas comienza a desatarse, el viejo orden se resquebraja poco a poco en mil pedazos y es entonces el momento en que la clase obrera y las masas urbanas deciden la batalla.

Temerosa de la revolución social, la burguesía de América Latina no puede encabezar la lucha antiimperialista

¿Qué es lo que desde el comienzo mismo de la lucha de esos primeros núcleos los hace invencibles, independientemente del número, el poder y los recursos de sus enemigos? El apoyo del pueblo, y con ese apoyo de las masas contarán en grado cada vez mayor.

Pero el campesinado es una clase que, por el estado de incultura en que lo mantienen y el aislamiento en que vive, necesita la dirección revolucionaria y política de la clase obrera y los intelectuales revolucionarios, sin la cual no podría por sí sola lanzarse a la lucha y conquistar la victoria.

En las actuales condiciones históricas de América Latina, la burguesía nacional no puede encabezar la lucha antifeudal y antiimperialista. La experiencia demuestra que en nuestras naciones esa clase, aun cuando sus intereses son contradictorios con los del imperialismo yanqui, ha sido incapaz de enfrentarse a éste, paralizada por el miedo a la revolución social y asustada por el clamor de las masas explotadas.

Situadas ante el dilema imperialismo o revolución, solo sus capas más progresistas estarán con el pueblo.

La actual correlación mundial de fuerzas y el movimiento universal de liberación de los pueblos coloniales y dependientes señalan a la clase obrera y a los intelectuales revolucionarios de América Latina su verdadero papel, que es el de situarse resueltamente a la vanguardia de la lucha contra el imperialismo y el feudalismo.

El imperialismo, utilizando los grandes monopolios cinematográficos, sus agencias cablegráficas, sus revistas, libros y periódicos reaccionarios, acude a las mentiras más sutiles para sembrar el divisionismo e inculcar entre la gente más ignorante el miedo y la superstición a las ideas revolucionarias que solo a los intereses de los poderosos explotadores y a sus seculares privilegios pueden y deben asustar.

El divisionismo, producto de toda clase de prejuicios, ideas falsas y mentiras; el sectarismo, el dogmatismo, la falta de amplitud para analizar el papel que corresponde a cada capa social, a sus partidos, organizaciones y dirigentes, dificultan la unidad de acción imprescindible entre las fuerzas democráticas y progresistas de nuestros pueblos. Son vicios de crecimiento, enfermedades de la infancia del movimiento revolucionario que deben quedar atrás. En la lucha antiimperialista y antifeudal es posible vertebrar la inmensa mayoría del pueblo tras metas de liberación que unan el esfuerzo de la clase obrera, los campesinos, los trabajadores intelectuales, la pequeña burguesía y las capas más progresistas de la burguesía nacional. Estos sectores comprenden la inmensa mayoría de la población y aglutinan grandes fuerzas sociales capaces de barrer el dominio imperialista y la reacción feudal. En ese amplio movimiento pueden y deben luchar juntos por el bien de sus naciones, por el bien de sus pueblos y por el bien de América, desde el viejo militante marxista hasta el católico sincero que no tenga nada que ver con los monopolios yanquis y los señores feudales de la tierra.

Ese movimiento podría arrastrar consigo a los elementos progresistas de las fuerzas armadas, humillados también por las misiones militares yanquis, la traición a los intereses nacionales de las oligarquías feudales y la inmolación de la soberanía nacional a los dictados de Washington.

El deber de todo revolucionario es hacer la revolución

Allí donde están cerrados los caminos de los pueblos, donde la represión de los obreros y campesinos es feroz, donde es más fuerte el dominio de los monopolios yanquis, lo primero y más importante es comprender que no es justo ni es correcto entretener a los pueblos con la vana y acomodaticia ilusión de arrancar, por vías legales que no existen ni existirán, a las clases dominantes, atrincheradas en todas las posiciones del estado, monopolizadoras de la instrucción, dueñas de todos los vehículos de divulgación y poseedoras de infinitos recursos financieros, un poder que los monopolios y las oligarquías defenderán a sangre y fuego con la fuerza de sus policías y de sus ejércitos.

El deber de todo revolucionario es hacer la revolución.

Se sabe que en América y en el mundo la revolución vencerá, pero no es de revolucionarios sentarse en la puerta de su casa para ver pasar el cadáver del imperialismo. El papel de Job no cuadra con el de un revolucionario. Cada año que se acelere la liberación de América significará millones de niños que se salven para la vida, millones de inteligencias que se salven para la cultura, infinitos caudales de dolor que se ahorrarían los pueblos. Aun cuando los imperialistas yanquis preparen para América un drama de sangre, no lograrán aplastar las luchas de los pueblos, concitarán contra ellos el odio universal y será también el drama que marque el ocaso de su voraz y cavernícola sistema.

Ningún pueblo de América Latina es débil, porque forma parte de una familia de 200 millones de hermanos que padecen las mismas miserias, albergan los mismos sentimientos, tienen el mismo enemigo, sueñan todos un mismo mejor destino y cuentan con la solidaridad de todos los hombres y mujeres honrados del mundo entero.

Con lo grande que fue la epopeya de la independencia de América Latina, con lo heroica que fue aquella lucha, a la generación de latinoamericanos de hoy les ha tocado una epopeya mayor y más decisiva todavía para la humanidad. Porque aquella lucha fue para librarse del poder colonial español, de una España decadente, invadida por los ejércitos de Napoleón. Hoy le toca la lucha de liberación frente a la metrópoli imperial más poderosa del mundo, frente a la fuerza más importante del sistema imperialista mundial y para prestarle a la humanidad un servicio todavía más grande del que le prestaron nuestros antepasados.

Pero esta lucha, más que aquella, la harán las masas, la harán los pueblos. Los pueblos van a jugar un papel mucho más importante que entonces; los hombres, los dirigentes importan e importarán en esta lucha menos de lo que importaron en aquella.

Esta epopeya que tenemos delante la van a escribir las masas hambrientas de indios, de campesinos sin tierra, de obreros explotados, la van a escribir las masas progresistas; los intelectuales honestos y brillantes que tanto abundan en nuestras sufridas tierras de América Latina; lucha de masas y de ideas; epopeya que llevarán adelante nuestros pueblos maltratados y despreciados por el imperialismo, nuestros pueblos desconocidos hasta hoy, que ya empiezan a quitarle el sueño. Nos consideraba rebaño impotente y sumiso; y ya se empieza a asustar de ese rebaño; rebaño gigante de 200 millones de latinoamericanos en los que advierte ya a sus sepultureros el capital monopolista yanqui.

Los explotados de América han empezado a escribir su propia historia

Con esta humanidad trabajadora, con estos explotados infrahumanos, paupérrimos, manejados por los métodos de fuete y mayoral, no se ha contado o se ha contado poco. Desde los albores de la independencia sus destinos han sido los mismos: indios, gauchos, mestizos, zambos, cuarterones,[14] blancos sin bienes ni rentas, toda esa masa humana

---

14. Gauchos son trabajadores de haciendas ganaderas y agrícolas de las pampas de Argentina, Uruguay y el sur de Brasil. Mestizo, término utilizado en Latinoamérica para describir personas de ascendencia en parte india; zambo, persona parte africana y parte india; y cuarterón, alguien uno de cuyos abuelos es negro.

que se formó en las filas de la "patria" que nunca disfrutó, que cayó por millones, que fue despedazada, que ganó la independencia de sus metrópolis para la burguesía, esa que fue desterrada de los repartos, siguió ocupando el último escalón de los beneficios sociales, siguió muriendo de hambre, de enfermedades curables, de desatención, porque para ella nunca alcanzaron los bienes salvadores: el simple pan, la cama de un hospital, la medicina que salva, la mano que ayuda...

Pero la hora de su reivindicación, la hora que ella misma se ha elegido, la vienen señalando, con precisión, ahora, también de un extremo a otro del continente. Ahora, esta masa anónima, esta América de color, sombría, taciturna, que canta en todo el continente con una misma tristeza y desengaño, ahora esta masa es la que empieza a entrar definitivamente en su propia historia, la empieza a escribir con su sangre, la empieza a sufrir y a morir.

Porque ahora, por los campos y las montañas de América, por las faldas de sus sierras, por sus llanuras y sus selvas, entre la soledad o en el tráfico de las ciudades o en las costas de los grandes océanos y ríos, se empieza a estremecer este mundo lleno de razones, con los puños calientes de deseos de morir por lo suyo, de conquistar sus derechos casi 500 años burlados por unos y por otros. Ahora sí, la historia tendrá que contar con los pobres de América, con los explotados y vilipendiados de América Latina, que han decidido empezar a escribir ellos mismos, para siempre, su historia. Ya se les ve por los caminos, un día y otro, a pie, en marchas sin término de cientos de kilómetros, para llegar hasta los "olimpos" gobernantes a recabar sus derechos.

Ya se les ve, armados de piedras, de palos, de machetes, en un lado y otro, cada día, ocupando las tierras, fincando sus garfios en la tierra que les pertenece y defendiéndola con su vida; se les ve, llevando sus cartelones, sus banderas, sus consignas, haciéndolas correr en el viento por entre las montañas o a lo largo de los llanos. Y esa ola de estremecido rencor, de justicia reclamada, de derecho pisoteado, que se empieza a levantar por entre las tierras de Latinoamérica, esa ola ya no parará más. Esa ola irá creciendo cada día que pase. Porque esa ola la forman los más, los mayoritarios en todos los aspectos, los que acumulan con su trabajo las riquezas, crean los valores, hacen andar las ruedas de la historia y que ahora despiertan del largo sueño embrutecedor a que los sometieron.

Porque esta gran humanidad ha dicho "¡Basta!" y ha echado a andar. Y su marcha de gigantes ya no se detendrá hasta conquistar la verdadera independencia, por la que ya han muerto más de una vez inútilmente. Ahora, en todo caso, los que mueran, morirán como los de Cuba, los de Playa Girón, morirán por su única, verdadera, irrenunciable independencia.

¡Patria o muerte!
¡Venceremos!

EL PUEBLO DE CUBA
La Habana, Cuba
Territorio Libre de América
4 de febrero de 1962

La Asamblea General Nacional del Pueblo de Cuba resuelve que esta declaración sea conocida como Segunda Declaración de La Habana, trasladada a los principales idiomas y distribuida en todo el mundo. Acuerda asimismo solicitar de todos los amigos de la Revolución Cubana en América Latina que sea difundida ampliamente entre las masas obreras, campesinas, estudiantiles e intelectuales de los pueblos hermanos de este continente.

CRONOLOGÍA

1952

10 de marzo — Ex presidente cubano y hombre fuerte militar Fulgencio Batista organiza golpe de estado y depone al gobierno electo de Carlos Prío. Batista establece una dictadura militar cada vez más brutal, estrechamente ligada a muchas de las familias más ricas del país y a los intereses empresariales estadounidenses en Cuba, y apoyada por Washington.

9 de abril — Levantamiento revolucionario en Bolivia tumba dictadura militar e instala gobierno burgués. La sublevación armada la dirigen mineros del estaño a la vanguardia de un movimiento sindical aliado a organizaciones campesinas. Se nacionalizan las minas más grandes de estaño, se legalizan los sindicatos, se inicia una reforma agraria y es abolido un requisito de alfabetización que efectivamente negaba el voto a la mayoría indígena de Bolivia.

1953

26 de julio — Intentando iniciar insurrección contra tiranía batistiana, unos 160 revolucionarios organizados y dirigidos por Fidel Castro lanzan asalto contra cuartel Moncada en Santiago de Cuba y el cuartel en la cercana Bayamo. Los combatientes no logran tomar ninguna de las guarniciones militares y más de 50 revolucionarios capturados son asesinados. Posteriormente Castro y otros 27 combatientes son capturados, procesados y condenados a penas de hasta 15 años de cárcel.

27 de julio — Armisticio concluye la guerra de tres años en Corea. Los trabajadores y campesinos coreanos y el Ejército Popular de Liberación chino propinan al imperialismo norteamericano su primera derrota militar, impidiendo que Washington derroque al gobierno en Corea del norte o agreda al régimen de trabajadores y campesinos en China.

1954

7 de mayo — Fuerzas francesas se rinden ante combatientes de liberación vietnamitas dirigidos por comunistas en Dien Bien Phu, señalando la derrota del colonialismo francés en Indochina. En conferencia de Ginebra, Moscú respalda la propuesta de los imperialistas estadounidenses, británicos y franceses de dividir a Vietnam. En el sur se impone un régimen respaldado por Washington.

Junio–septiembre — Intentando aplastar las luchas de trabajadores, campesinos y estudiantes en Guatemala y echar atrás los primeros pasos hacia una reforma agraria, fuerzas mercenarias apoyadas por la CIA invaden el país a fin de deponer al gobierno de Jacobo Arbenz. Rechazando los reclamos populares de armar a la población para resistir, Arbenz renuncia el 27 de junio y poco después huye del país. Fuerzas derechistas, organizadas y respaldadas por la CIA, entran a Ciudad de Guatemala en agosto.

31 de octubre — Comienza guerra por la independencia de Argelia, en la que combatientes organizados por el Frente de Liberación Nacional (FLN) desafían el coloniaje francés.

1955

15 de mayo — Tras una campaña nacional de amnistía, Fidel Castro y demás moncadistas presos son excarcelados. A las pocas semanas, Castro dirige la unificación de varias organizaciones revolucionarias para formar el Movimiento Revolucionario 26 de Julio. En julio, él y otros parten hacia México, donde se preparan para reiniciar la lucha armada revolucionaria contra tiranía de Batista.

5 de diciembre — Comienza boicot de buses en Montgomery, Alabama, lo que anunció el inicio del movimiento de masas de base proletaria dirigido por negros para derrocar el sistema "Jim Crow" de segregación racial por todo el sur de Estados Unidos. El boicot termina más de un año después, con la eliminación de políticas que obligaban a los negros a ir a la parte trasera del bus.

1956

Julio–diciembre — Ante un sentimiento y acciones antiimperialistas crecientes en Egipto, el gobierno de Gamal Abdel Nasser nacionaliza el Canal de Suez, propiedad y bajo control principalmente de capital británico y francés. Afirmando el dominio estadounidense en el Medio Oriente a expensas de las antiguas potencias europeas, Washington condena la invasión militar de Egipto realizada por tropas británicas, francesas e israelíes, obligando su retiro.

2 de diciembre — Ochenta y dos miembros del Movimiento 26 de Julio, entre ellos los moncadistas Fidel Castro, Raúl Castro y Juan Almeida, así como el médico argentino Ernesto Che Guevara, viajan desde México a bordo del yate *Granma* y desembarcan en Cuba para iniciar la guerra revolucionaria. Nace el Ejército Rebelde.

1957

Septiembre — Frente al fallo de 1954 de la Corte Suprema que prohibía la segregación racial de las escuelas, la Secundaria Central en Little Rock, Arkansas, admite a nueve estudiantes negros. El gobernador de Arkansas desata bandas racistas para atacar a los jóvenes negros. A medida que crece la indignación internacional, el presidente norteamericano Dwight Eisenhower cede a creciente presión dentro y fuera del país para que responda al llamado hecho por partidarios de los derechos de los negros y envía tropas federales para proteger a los estudiantes.

14 de diciembre — En nombre del Movimiento 26 de Julio, Fidel

Castro repudia el Pacto de Miami, un intento de las fuerzas opositoras burguesas de tomar la dirección de la lucha antibatistiana.

1958

23 de enero — Rebelión popular en Caracas derroca al régimen del dictador venezolano Marcos Pérez Jiménez.

Mayo — Manifestaciones en Argentina, Paraguay, Bolivia, Perú, Venezuela y otros países protestan contra gira por Latinoamérica del vicepresidente estadounidense Richard Nixon y denuncian dominio norteamericano de la región.

Julio — Ofensiva militar de Batista contra la comandancia del Ejército Rebelde en la Sierra Maestra es derrotada, dando paso a que las fuerzas revolucionarias empujen por toda la isla hacia la victoria final.

1959

1 de enero — Triunfo de la guerra revolucionaria. Batista huye de Cuba ante el avance del Ejército Rebelde, una insurrección popular y una huelga general cada vez más amplia bajo la dirección del Movimiento 26 de Julio. En los días siguientes, el Ejército Rebelde asume control de todos los cuarteles militares y de la policía. El ex magistrado Manuel Urrutia asume la presidencia. Cuadros del Movimiento 26 de Julio encabezan varios ministerios, al principio como minoría en el nuevo gobierno.

16 de febrero — Se profundizan las movilizaciones revolucionarias de trabajadores y campesinos, lo que lleva a la renuncia del primer ministro José Miró Cardona. Fidel Castro pasa a ser primer ministro.

6 de marzo — El gobierno revolucionario de Cuba aprueba ley imponiendo una reducción de alquileres del 30 al 50 por ciento.

22 de marzo — Fidel Castro anuncia medida que proscribe la discriminación racial en todas las instalaciones públicas y en el empleo.

17 de mayo — El gobierno cubano promulga primera ley de reforma agraria, que limita el tamaño de propiedades privadas a 30 caballerías (mil acres). Movilizaciones de masas de campesinos y trabajadores confiscan las tierras de dueños extranjeros y cubanos que rebasan el límite. Se distribuyen títulos de propiedad a 100 mil campesinos sin tierra.

16–17 de julio — Ante oposición de Urrutia a medidas revolucionarias, Fidel Castro renuncia como primer ministro. Una masiva respuesta popular obliga a Urrutia a dimitir; lo sustituye como presidente el cuadro del Movimiento 26 de Julio, Osvaldo Dorticós. Castro reanuda responsabilidades como primer ministro el 26 de julio.

Julio — Se desata guerra civil en Laos entre el frente de liberación Pathet Lao y fuerzas pro imperialistas apoyadas por Washington.

1 de noviembre — Unos 2 mil trabajadores y estudiantes panameños entran a la Zona del Canal para plantar la bandera de Panamá. Fuerzas norteamericanas los atacan con gases lacrimógenos y cachiporras, lo cual desata más protestas que reivindican la soberanía panameña del canal.

26 de noviembre — Che Guevara encabeza el Banco Nacional, remplazando a Felipe Pazos, uno de los últimos representantes burgueses en el gobierno.

1960

1 de febrero — Sentada de estudiantes negros en comedores solo para blancos en las tiendas Woolworth en Greensboro, Carolina del Norte, inicia ola de sentadas por todo el sur de Estados Unidos para exigir fin de segregación en instalaciones públicas.

4 de marzo — *La Coubre*, barco francés con cargamento de armas belgas adquiridas por Cuba para su defensa, explota en puerto de La Habana, muriendo 101 personas.

29 de junio–1 de julio — Trabajadores del petróleo, respaldados por el gobierno revolucionario, ocupan las refinerías de la Texaco, Esso y Shell luego que estas empresas rehusaran refinar petróleo adquirido por Cuba de la Unión Soviética.

30 de junio — Congo logra independizarse de Bélgica. Patricio Lumumba pasa a ser primer ministro.

6 de julio — El presidente Eisenhower, como medida punitiva, ordena reducir en 700 mil toneladas las importaciones de azúcar que Washington había acordado comprar de Cuba, recortando el 95 por ciento de la cuota para el resto de 1960.

9 de julio — La Unión Soviética anuncia que comprará todo el azúcar cubano que Estados Unidos rehúse comprar.

26 de julio–8 de agosto — Primer Congreso Latinoamericano de Juventudes en Cuba, asisten casi mil jóvenes de todas las naciones latinoamericanas, así como de Estados Unidos, Canadá, Unión Soviética y otros países. Muchos participantes se ven captados por la perspectiva de emular ejemplo de revolucionarios cubanos.

6 de agosto — Ante la creciente agresión y sabotaje económico por parte de Washington, el gobierno revolucionario cubano responde a las iniciativas obreras y decreta la nacionalización de las principales empresas estadounidenses. A medida que los trabajadores se movilizan por toda la isla para combatir los intentos de los capitalistas por desbaratar la economía, para finales de octubre se nacionaliza prácticamente toda la industria de propiedad cubana de gran escala.

22–29 de agosto — Organización de Estados Americanos sostiene reunión de cancilleres en Costa Rica, que emite Declaración de San José que condena trayectoria revolucionaria de Cuba. OEA incluye a todos los países latinoamericanos menos los que seguían siendo colonias, más Estados Unidos.

2 de septiembre — Un millón de cubanos, constituidos en Asamblea General Nacional del Pueblo de Cuba, condenan la Declaración de San José de la OEA y aprueban Primera Declaración de La Habana.

26 de septiembre — Fidel Castro, al dirigirse a la Asamblea General de la ONU, denuncia ataques norteamericanos contra

Cuba y se solidariza con la lucha contra el imperialismo a nivel mundial.

13 de octubre — Todos los bancos extranjeros (excepto canadienses) y cubanos son nacionalizados, así como 382 grandes empresas cubanas.

14 de octubre — Se promulga Ley de Reforma Urbana, prohibiendo que los caseros alquilaran bienes raíces urbanos. Según la ley, la mayoría de cubanos pasan a ser dueños de sus casas; algunos pagarán al estado un máximo de alquiler equivalente al 10 por ciento del ingreso familiar.

Finales de diciembre — Milicias revolucionarias se movilizan en respuesta a amenazas militares norteamericanas contra Cuba hechas por la administración Eisenhower durante sus últimos días.

1961

1 de enero — "Año de la Educación" empieza en Cuba. En campaña alfabetizadora de un año, más de 100 mil maestros, abrumadoramente jóvenes y estudiantes, van a todos los rincones de la isla. Al final de ese esfuerzo cerca de un millón de trabajadores y campesinos de todas las edades habían aprendido a leer y escribir. La movilización nacional elimina el analfabetismo.

3 de enero — Washington rompe relaciones diplomáticas con Cuba.

16 de enero — El Departamento de Estado anuncia que los ciudadanos norteamericanos que viajen a Cuba deberán obtener una autorización específica.

17 de enero — Patricio Lumumba, depuesto como primer ministro del Congo en golpe de estado en septiembre de 1960, es asesinado por orden de Joseph Mobutu, con participación directa de funcionarios belgas y respaldo de Washington.

31 de marzo — El presidente John F. Kennedy suspende todas las importaciones pendientes de azúcar cubano.

17–19 de abril — Invasión mercenaria organizada por Washington es derrotada en menos de 72 horas en Playa Girón, en la Bahía de Cochinos, por las Fuerzas Armadas Revolucionarias, la Policía Nacional Revolucionaria y las milicias populares de Cuba. En víspera del ataque, Fidel Castro explica por primera vez la trayectoria socialista de la revolución en una concentración de masas en La Habana donde se movilizó al pueblo cubano para hacer frente a la invasión inminente. Victoria de defensores cubanos al aplastar a mercenarios fue la primera derrota militar del imperialismo norteamericano en América Latina.

4 de mayo — Se hace el primer Recorrido de la Libertad (*Freedom Ride*) en el sur de Estados Unidos, en el que activistas cruzan las fronteras estatales a bordo de buses en un intento de acabar con la segregación del transporte público interestatal.

31 de mayo — Rafael Trujillo, antiguo dictador de República Dominicana, es asesinado. Su protegido, Joaquín Balaguer, presidente del país, asume control pleno, con respaldo de Washington.

5–17 de agosto — En reunión de la Conferencia Económica y Social de la OEA en Punta del Este, Uruguay, el gobierno estadounidense anuncia la "Alianza para el Progreso", destinada a apuntalar regímenes capitalistas sumisos y a enriquecer a banqueros e inversionistas norteamericanos. El plan asigna 20 mil millones de dólares en préstamos por 10 años para regímenes latinoamericanos a cambio de su cooperación para oponerse al gobierno revolucionario de Cuba. Che Guevara, a la cabeza de la delegación cubana, utiliza reunión como plataforma para exponer el carácter de la "Alianza" dominada por los imperialistas y movilizar oposición contra ella.

30 de agosto — El presidente Kennedy ordena al servicio activo a 148 mil efectivos de la Guardia Nacional y de la reserva durante la crisis de Berlín, en la que se enfrentan las fuerzas militares estadounidenses y soviéticas.

Noviembre — En medio de una creciente rebelión popular en República Dominicana, Washington destaca buques de guerra frente a las costas dominicanas, para apuntalar régimen de Balaguer.

Diciembre — Carguero cubano *Bahía de Nipe* zarpa de La Habana hacia el norte de África, transportando armas y municiones para ayudar al Frente de Liberación Nacional (FLN) de Argelia en su lucha por derrocar el coloniaje francés. El barco retorna en enero con 76 combatientes argelinos heridos y 20 huérfanos de la guerra.

2 de diciembre — Al anunciar la unificación del Movimiento 26 de Julio con el Partido Socialista Popular y el Directorio Revolucionario para formar un solo partido, Fidel Castro ofrece su discurso "Seré marxista-leninista hasta el último día de mi vida".

1962

22–31 de enero — Reunión de cancilleres de América Latina y de Estados Unidos, auspiciada por la OEA en Punta del Este, Uruguay, expulsa a Cuba de la OEA y apoya acciones militares en su contra. La delegación cubana, encabezada por el presidente Osvaldo Dorticós, emplea la reunión como plataforma para condenar la explotación imperialista de América Latina.

3 de febrero — El presidente Kennedy ordena un embargo total contra el comercio norteamericano con Cuba.

4 de febrero — Asamblea General Nacional de un millón de personas en la Plaza de la Revolución en La Habana aprueba Segunda Declaración de La Habana, proclamando el apoyo de Cuba a lucha revolucionaria por el poder popular en toda América.

3 de julio — Tras lucha de liberación nacional de ocho años, Argelia conquista su independencia de Francia. Gobierno de trabajadores y campesinos dirigido por Ahmed Ben Bella entabla estrechas relaciones con gobierno revolucionario cubano.

22–28 de octubre — Administración Kennedy ordena bloqueo naval contra Cuba, pone en alerta nuclear a las fuerzas armadas estadounidenses, y exige se retire de la isla la defensa de misiles nucleares aportada por los soviéticos. Los misiles se habían instalado tras un acuerdo de defensa mutua entre

Cuba y la Unión Soviética ante preparativos de Washington para invadir a Cuba. En respuesta a agresión norteamericana, millones de cubanos se movilizan para defender la revolución socialista, echando atrás las amenazas nucleares estadounidenses. Tras un intercambio entre los gobiernos norteamericano y soviético, el premier Nikita Jruschov, sin consultar con el gobierno cubano, anuncia retiro de misiles.

1963

Abril–mayo — Luchadores pro derechos de los negros realizan en Birmingham, Alabama, marchas y sentadas masivas para eliminar la segregación de las instalaciones públicas. Se defienden de salvajes ataques de la policía que emplea macanas, perros, cañones de agua y gases lacrimógenos, en lo que se pasa a conocer como "La Batalla de Birmingham".

24 de mayo — Argelia acoge a 55 médicos, dentistas, enfermeros y demás personal médico voluntario cubano, la primera misión internacionalista de esta índole de la Revolución Cubana.

28 de agosto — A la Marcha en Washington por Trabajos y Libertad concurren 250 mil personas que reivindican derechos civiles. Coincidiendo con la marcha, se emite un llamado para romper con el Partido Demócrata y formar un Partido de la Libertad Ya (*Freedom Now Party*), con el apoyo de varias figuras de la lucha pro derechos de los negros, así como de la Nación del Islam.

3 de octubre — Cuba promulga segunda reforma agraria, confiscando propiedades privadas por encima de 67 hectáreas (165 acres). Se ocupan propiedades de unos 10 mil agricultores capitalistas quienes son dueños del 20 por ciento de la tierra cultivable de Cuba y constituyen una base para la actividad contrarrevolucionaria organizada por Washington. Medida armoniza las relaciones sociales en la tierra con la propiedad estatal de la industria, fortaleciendo la alianza trabajador-agricultor.

22 de octubre — Batallón de unos 700 soldados voluntarios cubanos llega a Argelia para defender al recién independiente régimen revolucionario de ataques marroquíes inspirados por los imperialistas.

1964

9 de enero — Soldados estadounidenses matan a unos 20 panameños y dejan heridos a centenares durante protestas ante la negativa de funcionarios norteamericanos a izar la bandera panameña donde sea que ondee la bandera estadounidense. Durante siguiente semana, miles de panameños se movilizan para reivindicar la soberanía del Canal de Panamá.

31 de marzo–2 de abril — Golpe militar en Brasil respaldado por Washington derroca al gobierno electo de João Goulart, inaugurando años de sangriento terror.

Junio–agosto — Miles de jóvenes participan en "Verano de Libertad" para inscribir a negros para votar en el sur de Estados Unidos. El 21 de junio, tres voluntarios —James Chaney, Andrew Goodman y Michael Schwerner— son asesinados en Mississippi por banda del Ku Klux Klan encabezada por sheriff suplente local.

Agosto — Usando como pretexto un supuesto incidente naval frente a la costa de Indochina, el Congreso estadounidense aprueba resolución del Golfo de Tonkín. Comienzan bombardeos contra Vietnam del Norte y una rápida escalada de la guerra contra las fuerzas vietnamitas de liberación. Para 1969 unos 540 mil soldados norteamericanos pelean en Vietnam.

11 de diciembre — Che Guevara se dirige a la Asamblea General de la ONU. Citando la perspectiva revolucionaria de Segunda Declaración de La Habana, afirma la solidaridad de Cuba con la lucha mundial contra explotación imperialista.

1965

21 de febrero — Malcolm X, dirigente revolucionario de la lucha por la liberación de los negros y contra la opresión y explotación imperialista estadounidense de los trabajadores y agricultores a nivel mundial, es asesinado en Nueva York.

13 de marzo — Fidel Castro condena escisión entre los partidos gobernantes de la Unión Soviética y China, y declara que "La división frente al enemigo no fue nunca estrategia correcta, no fue nunca estrategia revolucionaria, no fue nunca estrategia inteligente" y llama a formar un frente único para defender a Vietnam del ataque imperialista estadounidense.

1 de abril — Che Guevara entrega su carta de despedida a Fidel Castro y renuncia a sus deberes en la dirección en Cuba a fin de participar libremente en luchas revolucionarias en el exterior. Mientras aguarda los preparativos para un frente revolucionario en el Cono Sur de Sudamérica, va al Congo, a la cabeza de una columna de más de 100 voluntarios cubanos que ayudan a las fuerzas populares que combaten al régimen pro imperialista en ese país. Una segunda columna de voluntarios cubanos va al Congo-Brazzaville para constituir una fuerza de reserva y ayudar a los independentistas en Angola.

17 de abril — 20 mil marchan en la primera manifestación nacional en Washington, para protestar contra la guerra estadounidense en Vietnam. Iniciada por Estudiantes por una Sociedad Democrática (SDS), se organiza como frente único con la Alianza de la Juventud Socialista, Clubes W.E.B. Du Bois y otros.

28 de abril — Unos 24 mil soldados norteamericanos invaden República Dominicana para aplastar levantamiento popular contra junta militar respaldada por Washington.

19 de junio — Gobierno revolucionario dirigido por Ben Bella en Argelia es derrocado en un golpe militar.

Agosto — Rebelión de la comunidad negra expulsa a la policía del barrio de Watts en Los Ángeles. Unos 13 mil efectivos de la Guardia Nacional atacan a negros de la localidad, dejando saldo de 36 muertos, 900 heridos y 4 mil arrestados. Es el primero de numerosos estallidos por parte de negros en las principales ciudades estadounidenses en los tres años siguientes.

3 de octubre — Durante reunión pública para presentar al Comité Central del recién fundado Partido Comunista de Cuba, Fidel Castro lee carta del 1 de abril de Che Guevara en que anuncia planes de sumarse a luchas contra la explotación imperialista en otras partes del mundo.

1966

3–14 de enero — En La Habana se celebra Conferencia Tricontinental de Solidaridad con los Pueblos de Asia, África y América Latina, a la que asisten luchadores antiimperialistas de todo el mundo.

Noviembre — Che Guevara llega a Bolivia para dirigir un frente revolucionario en el Cono Sur de Sudamérica. Guevara es herido y capturado el 8 de octubre de 1967, en operativo del ejército boliviano organizado por la CIA. Es asesinado al día siguiente por las fuerzas armadas bolivianas tras consultar con Washington.

1967

31 de julio–10 de agosto — Organización Latinoamericana de Solidaridad (OLAS) celebra conferencia en La Habana, con asistencia de fuerzas revolucionarias y partidos políticos de izquierda de toda América, incluido Estados Unidos. Bajo pancarta que cita llamado a la acción de la Segunda Declaración de La Habana, "El deber de todo revolucionario es hacer la revolución", la conferencia proclama su apoyo a las luchas populares de toda América Latina.

GLOSARIO

Balaguer, Joaquín (1907–2002) – Alto funcionario en la dictadura de Trujillo en República Dominicana. Presidente respaldado por Washington, 1960–62, 1966–78 y 1986–96.

Barnes, Jack (n. 1940) – Secretario nacional del Partido Socialista de los Trabajadores en Estados Unidos desde 1972. Participó en el Primer Congreso Latinoamericano de Juventudes el verano de 1960 en Cuba. Se integró a la Alianza de la Juventud Socialista en 1960 y al PST en 1961. Autor de numerosos libros, folletos y artículos sobre política, estrategia y organización comunista. Miembro del consejo editorial de la revista *Nueva Internacional*.

Batista, Fulgencio (1901–1973) – Hombre fuerte militar de Cuba 1934–44. Dirigió golpe de estado el 10 de marzo de 1952, estableció tiranía policiaco-militar. Huyó de Cuba el 1 de enero de 1959 ante el avance del Ejército Rebelde y una insurrección popular.

Bolívar, Simón (1783–1830) – Patriota latinoamericano, nacido en Caracas, conocido como El Libertador. Dirigió una serie de rebeliones armadas contra España, 1810–24, que ayudaron a conquistar la independencia para gran parte de Latinoamérica.

Bruno, Giordano (1548–1600) – Filósofo, astrónomo y matemático italiano. Quemado en la hoguera por herejía por la jerarquía católica romana.

Castro, Fidel (n. 1926) – Organizó y dirigió el movimiento revolucionario contra la tiranía batistiana que llevó a cabo asalto el 26 de julio de 1953 a los cuarteles Moncada en Santiago de Cuba y Carlos Manuel de Céspedes en Bayamo. Capturado, enjuiciado y condenado a 15 años de prisión. Excarcelado en 1955 tras una campaña nacional de amnistía, dirigió la fundación del Movimiento Revolucionario 26 de Julio. Organizó la expedición del *Granma* desde México, para lanzar la guerra revolucionaria en Cuba a finales de 1956. Comandante del Ejército Rebelde desde su fundación, 1956–58. Tras el triunfo de la revolución, fue primer ministro de Cuba desde febrero de 1959 hasta 1976. Desde 1976 es presidente del Consejo de Estado y del Consejo de Ministros, así como comandante en jefe de las Fuerzas Armadas Revolucionarias y, desde su fundación en 1965, primer secretario del Partido Comunista de Cuba.

CENTO (Organización del Tratado Central) – Alianza militar de Turquía, Irán, Paquistán y el Reino Unido, 1955–79, formada a instancia de los gobiernos británico y estadounidense para contrarrestar influencia de la Unión Soviética en Medio Oriente. Estados Unidos pasó a ser miembro asociado en 1959. Disuelta tras la revolución iraní de 1979.

Diderot, Denis (1713–1784) – Escritor y filósofo francés de la ilustración.

Directorio Revolucionario – Formado en 1955 por José Antonio Echeverría y otros dirigentes de la Federación Estudiantil Universitaria. El 13 de marzo de 1957 organizó asalto al Palacio Presidencial, durante e inmediatamente después del cual cayeron varios de sus dirigentes centrales. A comienzos de 1958 organizó columna guerrillera en sierra del Escambray en Las Villas, la cual subsecuentemente formó parte del frente al mando de Che Guevara. Se fusionó con el Movimiento 26 de Julio y el Partido Socialista Popular en 1961.

Engels, Federico (1820–1895) – Colaborador de toda la vida de Carlos Marx y cofundador con él del movimiento comunista obrero moderno.

Guevara, Ernesto Che (1928–1967) – Dirigente de la Revolución Cubana nacido en Argentina. Reclutado en México en 1955 a la expedición del *Granma* como médico de tropa. Primer combatiente del Ejército Rebelde ascendido a comandante,

1957. Tras el triunfo de 1959 ocupó responsabilidades incluidas las de presidente del Banco Nacional y ministro de industrias. Dirigió una columna cubana que combatió junto a fuerzas antiimperialistas en el Congo, 1965. Dirigió un destacamento de voluntarios internacionalistas a Bolivia, 1966–67. Herido y capturado por el ejército boliviano durante operativo antiguerrillero organizado por la CIA, 8 de octubre de 1967. Asesinado al día siguiente.

Hidalgo, Miguel (1753–1811) – Conocido como el padre de la independencia de México, dirigió el levantamiento independentista en 1810 contra el régimen español. Capturado y fusilado. Sacerdote católico.

Hus, Jan (1370–1415) – Reformador religioso checo. Condenado por herejía y quemado en la hoguera por la jerarquía católica romana.

Inquisidores – Funcionarios de tribunales eclesiásticos establecidos a fines de la Edad Media para imponer lealtad con el dogma religioso católico romano y la jerarquía de la iglesia, lo que constituía un pilar fundamental del orden feudal amenazado por las nacientes relaciones sociales capitalistas y las fuerzas burguesas políticas. La inquisición alcanzó su cúspide a fines del siglo XV y comienzos del XVI en España, donde unas 2 mil personas fueron quemadas en la hoguera como herejes.

Juárez, Benito (1806–1872) – Presidente de México, 1861–72, quien combatió la ocupación francesa del país (1864–67). Héroe nacional de México.

Lenin, V.I. (1870–1924) – Fundador del Partido Bolchevique. Dirigente central de la Revolución de Octubre de 1917 en Rusia. Presidente del Consejo de Comisarios del Pueblo (gobierno soviético), 1917–24; miembro del Comité Ejecutivo de la Internacional Comunista, 1919–24.

Martí, José (1853–1895) – Héroe Nacional de Cuba. Destacado revolucionario, poeta, escritor, orador, periodista y combatiente. En 1892 fundó el Partido Revolucionario Cubano para combatir el dominio colonial español y oponerse a los designios de Washington sobre Cuba. Organizó y planificó la guerra independentista de 1895. Murió en combate contra las tropas españolas en Dos Ríos en la provincia de Oriente. Su programa antiimperialista y sus escritos revolucionarios más amplios son fundamentales a las tradiciones internacionalistas y legado político revolucionario de Cuba.

Marx, Carlos (1818–1883) – Fundador con Federico Engels del movimiento obrero comunista moderno, y arquitecto de sus bases programáticas.

McCarthy, Joseph (1908–1957) – Senador republicano de Wisconsin. El más prominente cazador de brujas anticomunista en Estados Unidos a comienzos de los años 50.

Monroe, Doctrina – Política enunciada en 1823 por el presidente James Monroe (1758–1831). La doctrina trazaba la política estatal de la naciente burguesía norteamericana de proteger a la joven república de las políticas contrarrevolucionarias de las poderosas monarquías europeas, particularmente el Reino Unido y Francia, advirtiéndoles a no inmiscuirse en los asuntos de América. A partir de la última década del siglo XIX, conforme Estados Unidos se convirtió en potencia mundial imperialista, la Doctrina Monroe se transformó en justificación de la intervención política y militar norteamericana contra las naciones de América Latina y el Caribe que intentaban librarse del yugo de dominación estadounidense.

Movimiento Revolucionario 26 de Julio – Fundado en junio de 1955 por Fidel Castro y otros participantes en el asalto al Moncada, junto a otras fuerzas revolucionarias. Durante guerra contra tiranía estuvo integrado por el Ejército Rebelde en las montañas (*sierra*) y la red clandestina en las ciudades y el campo (*llano*). En mayo de 1958, la dirección nacional fue centralizada en la Sierra Maestra. Fidel Castro fue electo secretario general. Dirigió fusión con el Partido Socialista Popular y el Directorio Revolucionario en 1961.

Napoleón I (Napoleón Bonaparte) (1769–1821) – Un principal general en las guerras revolucionarias que defendieron las conquistas de la Revolución Francesa. En 1799, a medida que la revolución se replegaba, dirigió un golpe de estado, nombrándose Primer Cónsul y desde 1804 hasta 1815, emperador de Francia. Tanto las guerras revolucionarias como las posteriores guerras dinásticas libradas por Napoleón contra una coalición reaccionaria de las monarquías británica, prusiana, rusa y austriaca asestaron golpes a las relaciones feudales remanentes en Alemania y por toda Europa occidental.

O'Higgins, Bernardo (1778–1842) – Comandó las fuerzas militares que conquistaron la independencia chilena de España en 1818. Primer jefe de estado de Chile.

Oppenheimer, J. Robert (1904–1967) – Físico norteamericano; director del proyecto que desarrolló la bomba atómica, 1943–45. Acusado de simpatías comunistas a comienzos de los años 50, por lo cual le retiraron su autorización de seguridad.

OTAN (Organización del Tratado del Atlántico Norte) – Alianza militar, formada en 1949, entre Estados Unidos, Canadá y potencias de Europa occidental para oponerse a la Unión Soviética y a los gobiernos de Europa central y oriental aliados con la URSS.

Partido Socialista Popular (PSP) – Nombre adoptado en 1944 por el Partido Comunista de Cuba como parte de políticas mundiales de Frente Popular y "unidad nacional". Rechazó la dictadura impuesta por Batista tras el golpe de estado de 1952, pero se opuso al rumbo político revolucionario del Movimiento 26 de Julio. El PSP colaboró con el Movimiento 26 de Julio en los últimos meses de la lucha para derrocar a la dictadura. Se fusionó con el Movimiento 26 de Julio y el Directorio Revolucionario en 1961.

Platt, Enmienda – Redactada por el senador estadounidense Orville Platt (1827–1905) como anexo a la Ley de Adjudicaciones del Ejército de 1901, fue posteriormente incorporada como enmienda a la constitución cubana. Otorgaba a Washington el derecho de intervenir en los asuntos cubanos en cualquier momento y establecer bases militares en suelo cubano. Abrogada en mayo de 1934 con un tratado suscrito por el gobierno en La Habana y la administración de Franklin Delano Roosevelt en Estados Unidos, tratado que a la vez legalizó todas las demás concesiones hechas por Cuba durante la ocupación norteamericana, entre ellas el control a perpetuidad sobre la base naval de Guantánamo.

Robeson, Paul (1898–1976) – Cantante y actor estadounidense. Siendo objeto de la caza de brujas anticomunista realizada por el gobierno norteamericano, se le revocó su pasaporte en 1950.

Rosenberg, Julius (1918–1953) y **Ethel** (1915–1953) – Miembros del Partido Comunista de Estados Unidos a quienes les fabricaron cargos de conspiración para cometer espionaje para la Unión Soviética y los ejecutaron.

Rousseau, Juan Jacobo (1712–1778) – Filósofo y escritor francés, cuyos escritos influenciaron a los dirigentes de la Revolución Francesa.

Sandino, Augusto César (1895–1934) – Dirigió lucha guerrillera de seis años en Nicaragua contra marines estadounidenses y fuerzas proimperialistas, 1927–33. Asesinado por orden de Anastasio Somoza, dictador respaldado por Washington.

San Martín, José de (1778–1850) – Dirigente político argentino quien comandó fuerzas que contribuyeron a que Argentina, Chile y Perú conquistaran su independencia de España.

SEATO (Organización del Tratado del Sudeste de Asia) – Alianza militar, dirigida por Washington, 1955–77, formada para combatir "el expansionismo comunista". Participaron varios gobiernos imperialistas —Estados Unidos, Australia, Francia, Nueva Zelanda y Reino Unido— así como Paquistán, Filipinas y Tailandia.

Sucre, Antonio José de (1795–1830) – Dirigente de rebelión latinoamericana contra el dominio español que en 1822 liberó el actual Ecuador y expulsó a las tropas españolas de Bolivia (1825).

Tiradentes (Joaquim José da Silva Xavier) (1748–1792) – Dirigió infructuosa rebelión contra el dominio portugués de Brasil, por lo que fue ahorcado. Médico y dentista, se le conocía popularmente como "Tiradientes".

Trujillo, Rafael Leónidas (1891–1961) – Dictador de República Dominicana desde 1930 hasta su muerte. Después de 1959, con apoyo de Washington, organizó ataques contra la Revolución Cubana. Asesinado el 30 de mayo de 1961 por altos oficiales del ejército dominicano con apoyo al menos tácito de Washington.

Voltaire (François-Marie Arouet) (1694–1778) – Satírico e historiador francés de la ilustración.

Zapata, Emiliano (1879–1919) – Dirigente de la revolución mexicana de 1910. Organizó y dirigió un ejército campesino que peleó por "tierra y libertad".

ÍNDICE

To Speak the Truth

(Hay que decir la verdad: Por qué no cesa la 'Guerra Fría' de Washington contra Cuba)

FIDEL CASTRO, ERNESTO CHE GUEVARA

En discursos históricos ante Naciones Unidas y organismos de la ONU, Guevara y Castro se dirigen a los pueblos del mundo, explican por qué el gobierno norteamericano teme tanto al ejemplo que ofrece la revolución socialista en Cuba y por qué Washington va a fracasar en sus intentos de destruirla. En inglés. US$17

Playa Girón / Bahía de Cochinos

Primera derrota militar de Washington en América

FIDEL CASTRO, JOSÉ RAMÓN FERNÁNDEZ

En menos de 72 horas de combate en abril de 1961, las fuerzas armadas revolucionarias de Cuba derrotaron una invasión de 1 500 mercenarios organizada por Washington. Al hacerlo, el pueblo cubano sentó un ejemplo para los trabajadores, agricultores y jóvenes en todo el mundo: que dotados de conciencia política, solidaridad de clase, valentía y una dirección revolucionaria, es posible hacer frente a un poderío enorme y a probabilidades aparentemente irreversibles y vencer. También en inglés. US$20

De la sierra del Escambray al Congo

En la vorágine de la Revolución Cubana

VÍCTOR DREKE

El autor describe cuán fácil resultó, tras la victoria de la Revolución Cubana, "quitar la soga" que segregaba a negros de blancos en la plaza del pueblo y, sin embargo, lo enorme que resultó la batalla para transformar las relaciones sociales que subyacían bajo todas las "sogas" heredadas del capitalismo y de la dominación yanqui. Dreke, segundo al mando de la columna internacionalista en el Congo dirigida por Che Guevara en 1965, habla del gozo creador con que el pueblo trabajador cubano ha defendido su trayectoria revolucionaria: desde la sierra del Escambray en Cuba, hasta África y más allá. También en inglés. US$17

www.pathfinderpress.com

Cuba y la revolución norteamericana que viene

JACK BARNES

"Primero se verá una revolución victoriosa en los Estados Unidos que una contrarrevolución victoriosa en Cuba". Ese juicio, planteado por Fidel Castro en 1961, es hoy tan correcto como cuando se enunció. Este libro trata sobre la lucha de clases en Estados Unidos, donde hoy día las fuerzas gobernantes descartan las capacidades revolucionarias de trabajadores y agricultores de forma tan rotunda como descartaron las del pueblo trabajador cubano. También en inglés y francés. US$13

Che Guevara habla a la juventud

ERNESTO CHE GUEVARA

En ocho charlas dadas entre 1959 y 1964, este revolucionario nacido en Argentina desafía a los jóvenes de Cuba y del mundo a estudiar, trabajar y volverse disciplinados. A ponerse en las filas delanteras de las luchas, sean grandes o pequeñas. A politizar las organizaciones en que militan y politizarse a sí mismos. A llegar a ser un tipo de ser humano diferente, a medida que luchan junto al pueblo trabajador de todas las tierras para transformar el mundo. También en inglés. US$15

Junto a Che Guevara

Entrevistas a Harry Villegas (Pombo)

HARRY VILLEGAS

Villegas trabajó y luchó durante una década al lado de Che Guevara: en Cuba, el Congo y Bolivia. Un general de brigada en las Fuerzas Armadas Revolucionarias de Cuba habla de las luchas en que ha participado en más de cuatro décadas y la importancia del legado político de Guevara para una nueva generación en el mundo de hoy. También en inglés. US$4

Dynamics of the Cuban Revolution

(Dinámica de la Revolución Cubana: una interpretación marxista)

JOSEPH HANSEN

¿Cómo se desarrolló la Revolución Cubana? ¿Por qué representa, según plantea Hansen, un "desafío intolerable" para el imperialismo norteamericano? ¿Qué obstáculos políticos ha tenido que superar? Escrito conforme avanzaba la revolución desde sus primeros días. En inglés. US$25

También de
PATHFINDER

El rostro cambiante
de la política en Estados Unidos
La política obrera y los sindicatos
JACK BARNES

De la construcción del tipo de partido que el pueblo trabajador necesita para las batallas de clases que vienen: a través de las cuales se va a organizar y va a fortalecer los sindicatos, a medida que se revolucione a sí mismo y a toda la sociedad. Es una guía para aquellos a quienes repugnan las iniquidades sociales, el racismo, la opresión de la mujer, la violencia policiaca y las guerras inherentes al capitalismo, para quienes buscan la vía hacia la acción eficaz para derrocar ese sistema de explotación y unirse para reconstruir el mundo sobre bases nuevas, socialistas. US$23

El desorden mundial del capitalismo
Política obrera al milenio
JACK BARNES

La devastación social y pánicos financieros, la creciente aspereza de la política, la brutalidad policiaca y los actos de agresión imperialista que se aceleran a nuestro alrededor: todos ellos son producto no de algo que ha funcionado mal con el capitalismo, sino de sus fuerzas reglamentadas. Sin embargo, el futuro se puede cambiar con la lucha unida y la acción desinteresada de trabajadores y agricultores que estén conscientes de su capacidad. US$24

El manifiesto comunista
CARLOS MARX Y FEDERICO ENGELS

El documento de fundación del movimiento obrero moderno, publicado en 1848. Explica por qué el comunismo no es un conjunto de principios preconcebidos sino la línea de marcha de la clase trabajadora hacia el poder, que emana de "las condiciones reales de una lucha de clases existente, de un movimiento histórico que se está desarrollando ante nuestros ojos". US$5

www.pathfinderpress.com

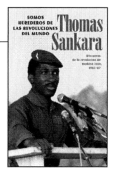

La última lucha de Lenin
Discursos y escritos, 1922–23
V.I. LENIN

A comienzos de los años 20, Lenin libró una batalla política en la dirección del Partido Comunista de la URSS a fin de mantener la trayectoria que había permitido a los trabajadores y campesinos derrocar el imperio zarista, emprender la primera revolución socialista, y comenzar a construir un movimiento comunista mundial. Las cuestiones planteadas en esta lucha —desde la composición de clase de la dirección, hasta la alianza obrero-campesina y la batalla contra la opresión nacional— siguen siendo fundamentales a la política mundial. US$21.95

Rebelión Teamster
FARRELL DOBBS

Las huelgas de 1934 que forjaron el movimiento sindical industrial en Minneapolis y ayudaron a allanar el camino para el ascenso del Congreso de Organizaciones Industriales (CIO), relatadas por un dirigente central de esa batalla. El primero de cuatro tomos sobre el liderazgo de lucha de clases de las huelgas y campañas de sindicalización que transformaron el sindicato de los Teamsters en gran parte del Medio Oeste norteamericano en un movimiento social combativo y señalaron el camino hacia la acción política independiente del movimiento obrero. US$19

Somos herederos de las revoluciones del mundo
Discursos de la revolución de Burkina Faso, 1983–87
THOMAS SANKARA

La dominación colonial e imperialista ha dejado un legado de hambre, analfabetismo y atraso económico en África. En 1983 los campesinos y trabajadores de Burkina Faso establecieron un gobierno popular revolucionario y comenzaron a combatir las causas de esa devastación. Sankara, quien dirigió esa lucha, explica el ejemplo ofrecido para todo el mundo. US$7

La emancipación de la mujer y la lucha africana por la libertad

THOMAS SANKARA

No existe una verdadera revolución social sin la liberación de la mujer, explica Sankara, dirigente de la revolución de 1983–87 en el país africano occidental de Burkina Faso. US$5

La revolución traicionada

¿Qué es y adónde se dirige la Unión Soviética?

LEÓN TROTSKY

En 1917 la clase trabajadora y el campesinado de Rusia fueron la fuerza motriz de una de las revoluciones más profundas de la historia. Sin embargo, al cabo de 10 años, una capa social privilegiada cuyo principal vocero era José Stalin estaba consolidando una contrarrevolución política. Este estudio clásico del estado obrero soviético y de su degeneración ilumina el origen de la crisis que hoy sacude a los países de la antigua Unión Soviética. US$22.95

Wall Street enjuicia al socialismo

JAMES P. CANNON

Las ideas básicas del socialismo, explicadas en el testimonio durante el juicio contra 18 dirigentes del sindicato de los Teamsters en Minneapolis y del Partido Socialista de los Trabajadores, a quienes les fabricaron cargos y pusieron en prisión bajo la notoria Ley Smith "de la mordaza", durante la Segunda Guerra Mundial. US$16

El imperialismo, fase superior del capitalismo

V.I. LENIN

El imperialismo no solo aumenta el peso de la esclavitud de la deuda y el parasitismo en las relaciones sociales capitalistas, escribe Lenin. Sobre todo, torna la competencia entre rivales capitalistas —nacionales y extranjeros— más violenta y explosiva. En medio del creciente desorden mundial del capitalismo, este folleto de 1916 sigue siendo piedra angular del programa y actividad del movimiento comunista. US$10

Nuestra historia aún se está escribiendo

LA HISTORIA DE TRES GENERALES CUBANO-CHINOS EN LA REVOLUCIÓN CUBANA

ARMANDO CHOY, GUSTAVO CHUI Y MOISÉS SÍO WONG hablan sobre el papel histórico de la inmigración china a Cuba, así como de más de cinco décadas de acción e internacionalismo revolucionarios, desde Cuba hasta Angola, y hoy Venezuela. A través de sus historias percibimos las fuerzas sociales y políticas que dieron origen a la nación cubana y abrieron la puerta a la revolución socialista en América. 37 páginas de fotos e ilustraciones, más glosario e índice. Editado y con una introducción por Mary-Alice Waters. También en inglés. US$20

"... Ilustrado con fotos contemporáneas, tiene vigor y es vívido ... Presenta un idealismo que hace mucha falta en un mundo de metas materialistas. Puede que el libro sea una historia que 'aún se está escribiendo', como sugiere el título, pero ya tocó una fibra sensible en mí".

—LI ANSHAN, UNIVERSIDAD DE PEKÍN
REVISTA DE LOS CHINOS EN ULTRAMAR, NOVIEMBRE 2006

"... Ópticas originales sobre la comunidad cubano-china y desde ella".

—REVISTA MULTICULTURAL, OTOÑO 2006

"Sus historias no solo cubren la emoción de hace 50 años, sino también los años a partir de entonces ... un valioso vistazo a la evolución de la historia moderna cubana".

—MIDWEST BOOK REVIEW, MARZO 2006

Malcolm X habla a la juventud

Cuatro charlas y una entrevista dadas por Malcolm X a jóvenes en Ghana, el Reino Unido y Estados Unidos, durante los últimos meses de su vida. Incluye su ponencia del debate realizado en la Universidad de Oxford, Inglaterra, en 1964, editado por primera vez. Concluye con dos homenajes ofrecidos por un joven dirigente socialista a este gran revolucionario, cuyo ejemplo y cuyas palabras siguen planteando la verdad para una generación tras otra de jóvenes. US$15

Puerto Rico: la independencia es una necesidad

RAFAEL CANCEL MIRANDA

En dos entrevistas, el dirigente independentista puertorriqueño Cancel Miranda —uno de los cinco nacionalistas puertorriqueños encarcelados por Washington por más de 25 años hasta 1979— habla sobre la realidad brutal del coloniaje norteamericano, la campaña para liberar a los presos políticos puertorriqueños, el ejemplo de la revolución socialista cubana, y el resurgimiento del movimiento independentista hoy. US$3

Pathfinder nació con la Revolución de Octubre

MARY-ALICE WATERS

Desde los escritos de Marx, Engels, Lenin y Trotsky, hasta los discursos de Malcolm X, Fidel Castro y Che Guevara, y las palabras de James P. Cannon, Farrell Dobbs y otros dirigentes del movimiento comunista en Estados Unidos hoy, los libros de Pathfinder buscan "impulsar el entendimiento, la confianza y la combatividad del pueblo trabajador". US$3. También en francés.

Su Trotsky y el nuestro
JACK BARNES

Para dirigir a la clase trabajadora en una revolución exitosa, se necesita un partido revolucionario de masas cuyos cuadros han asimilado, con mucha antelación, un programa comunista mundial, son proletarios en su vida y su trabajo, derivan una satisfacción profunda de la actividad política y han forjado una dirección con un agudo sentido de lo próximo por hacer. Este libro es sobre la construcción de tal partido. US$15. También en francés.

Marxismo y feminismo
MARY-ALICE WATERS

Desde la fundación del movimiento obrero revolucionario moderno hace unos 150 años, los marxistas han impulsado la lucha por los derechos de la mujer y han explicado que la opresión de la mujer tiene sus raíces económicas en la sociedad de clases. US$18.95

50 años de guerra encubierta
El FBI contra los derechos democráticos
LARRY SEIGLE Y OTROS

Describe la historia de espionaje y hostigamiento por parte del gobierno estadounidense contra los movimientos obrero, negro, antiguerra y demás movimientos sociales. Explica también la victoria a favor de los derechos democráticos lograda en 1986 mediante el juicio planteado por el Partido Socialista de los Trabajadores contra el espionaje y las medidas de desorganización del FBI. US$7. En inglés, en el número 6 de *New International*.

Todos estos títulos también se editan en inglés.

Nueva Internacional

UNA REVISTA DE POLITICA Y TEORIA MARXISTAS

NUEVA INTERNACIONAL Nº. 6

HA COMENZADO EL INVIERNO LARGO Y CALIENTE DEL CAPITALISMO

Jack Barnes

y "Su transformación y la nuestra", resolución del Partido Socialista de los Trabajadores

Los conflictos interimperialistas actuales —cada vez más agudos— los alimentan no solo las primeras etapas de lo que serán décadas de convulsiones económicas, financieras y sociales, y batallas de clases, sino también el cambio más amplio en la política y organización militar realizado por Washington desde que se fortaleció rumbo a la Segunda Guerra Mundial. Los trabajadores de disposición de lucha de clases debemos encarar esta histórica coyuntura del imperialismo, y derivar satisfacción y gozo de ponernos "en su cara" conforme trazamos un curso revolucionario para afrontarla. US$16

NUEVA INTERNACIONAL Nº. 7

NUESTRA POLÍTICA EMPIEZA CON EL MUNDO

Jack Barnes

Las enormes desigualdades que existen entre los países imperialistas y los semicoloniales, y entre las clases dentro de casi todos los países, son producidas, reproducidas y acentuadas por el funcionamiento del capitalismo. Para que los trabajadores de vanguardia forjemos partidos capaces de dirigir una exitosa lucha revolucionaria por el poder en nuestros propios países, dice Jack Barnes, nuestra actividad debe guiarse por una estrategia para cerrar esta brecha.

Incluye: "La agricultura, la ciencia y las clases trabajadoras" *por Steve Clark* y "Capitalismo, trabajo y naturaleza: un intercambio" *por Richard Levins, Steve Clark.* US$14